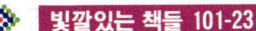
빛깔있는 책들 101-23

탈춤

글/채희완 ● 사진/김문호

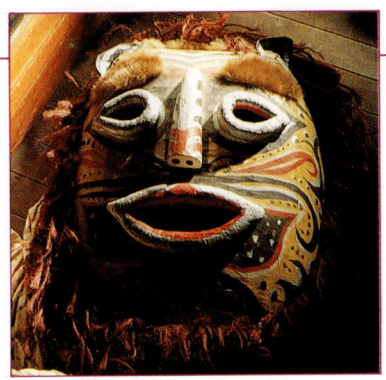

대원사

채희완 ─────────

서울대학교 문리대 미학과, 같은 학교 대학원 미학과를 졸업하였다. 청주사 범대학 교수를 거쳐 현재 부산대학교 예술대학 무용학과 교수로 있다. 「탈춤의 사상」(엮음), 「공동체의 춤, 신명의 춤」, 「한국의 민중극」(공동 엮음) 등 여러 책과 논문이 있다.

김문호 ─────────

감리교 신학대학을 졸업하였다. 주요 활동으로 '89년에 개인 사진전, '90년에 리얼 포토스전(공동 사진전)을 가졌으며 '89년에 대만의 사진 저널 「인간」에 10여 점의 사진 작품이 소개되기도 하였다. 현재 자유 사진가로 활동하고 있으며 사진집 「달라진 저승」(열화당) 등이 있다.

탈춤

탈춤

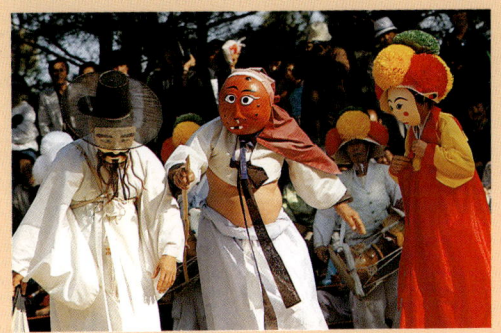

탈춤이라는 이름

오늘날 '탈춤'이라 이름하는 것은 전래되어 온 가면극 모두를 말한다. 70년대까지만 해도 '가면극'이 학술 용어로 쓰여졌고 탈춤은 특별한 경우에만 한정되어 있었다. 본시 탈춤이란 해서(海西) 지방인 황해도 일원에 분포된 가면극만을 가리키던 말이었다. 그러나 가면극이란 용어가 통상적으로 쓰여지고 있을 때도 실제로는 분포 지역 단위별로 서로 다른 고유 명칭을 예대로 물려받고 있었다.

이를테면 황해도 일원에서는 탈춤으로, 서울 근교의 경기 일원에서는 산대놀이로, 낙동강을 가운데 두고 동쪽인 부산 일원에서는 들놀음(野遊)으로, 서쪽인 경남 일원에서는 오광대 등으로 불린 것이다. 이 밖에 하회나 동해안 지역의 별신굿, 강릉단오굿의 관노놀음, 북청의 사자놀음, 제주도의 입춘굿 등도 나름대로의 특성에 따른 별칭들이고, 남사당놀이의 덧뵈기도 그것 가운데 하나이다. 또 예전에는 산대도감극, 산대잡희 등으로 불리기도 하였다.

이렇게 본다면 오늘날 탈춤이란 말은 좁게는 황해도 지역의 가면극을 일컫고 있는 동시에 넓게는 가면극 전반을 두루 뜻한다. 그러나 유의해야 할 것은 이렇게 탈춤이 범칭으로서 요즘 널리 쓰인다고

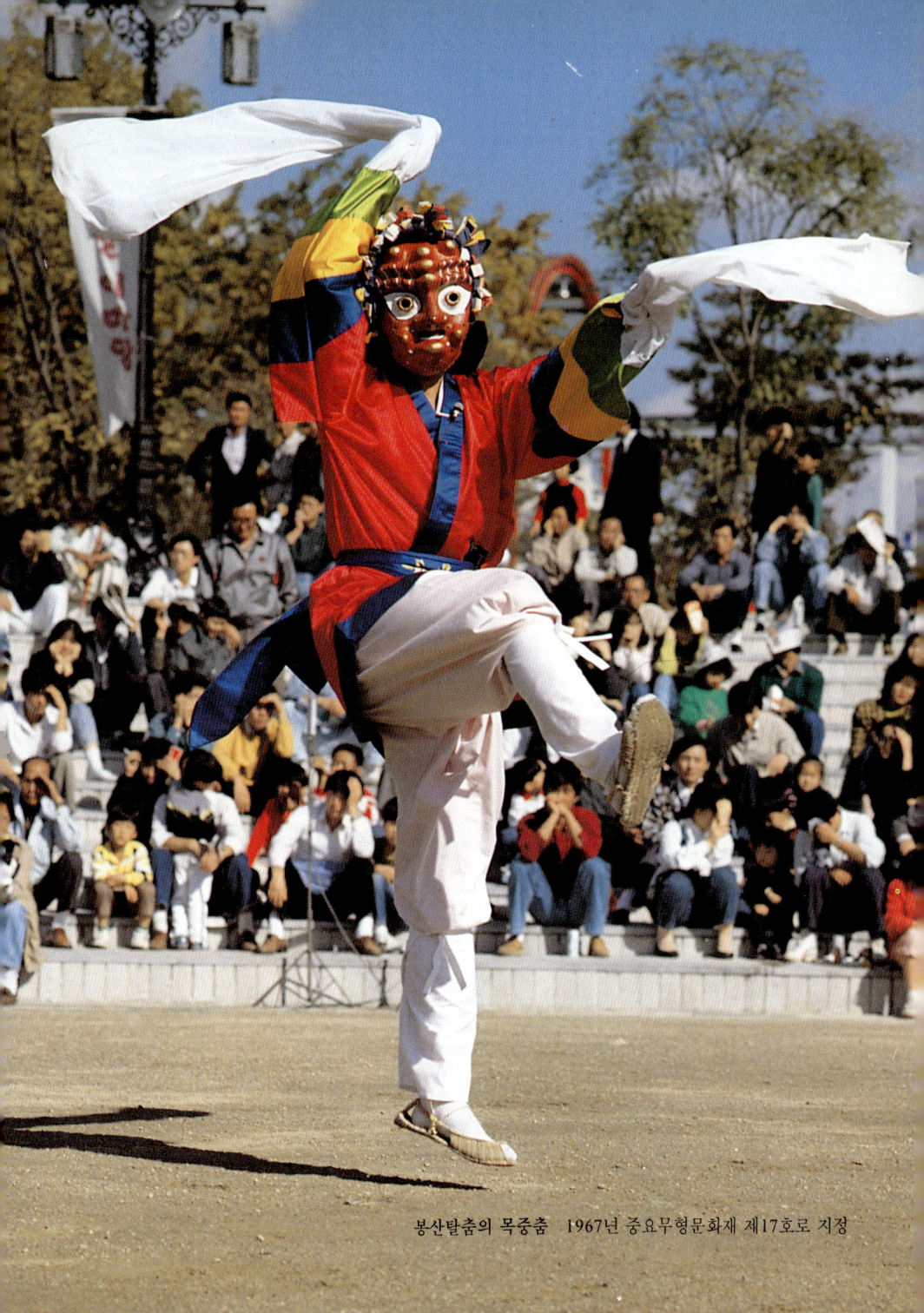

봉산탈춤의 목중춤　1967년 중요무형문화재 제17호로 지정

해서 각 지역의 고유한 가면극의 이름으로 마구 붙여 쓸 수는 없다는 점이다.

예를 들어 영남 지역의 탈춤이라는 말은 쓸 수 있어도 그것의 갈래인 수영들놀음을 수영탈춤으로, 통영오광대를 통영탈춤으로 부를 수는 없다는 것이다. 마찬가지로 양주별산대놀이를 양주탈춤으로, 하회별신굿을 하회탈춤으로 부를 수 없으며 송파산대놀이나 동래들놀음도 송파탈춤, 동래탈춤은 결코 아닌 것이다. 그러한 고유명사로서의 탈춤은 존재하지 않기 때문이다. 이는 봉산탈춤이나 강령탈춤이 봉산별산대놀이나 강령오광대가 될 수 없는 이유와 같다.

다만 여기서 되짚어볼 것은 80년대로 들어서면서 이처럼 여러 갈래로 불리던 가면극들을 한데 뭉뚱그려 탈춤이라고 범칭하게 되고, 나아가서는 이 말이 학술적인 용어로까지 격상하게 된 배경 요인이 무엇인가 하는 점이다.

둘러보건대 이는 탈춤에 대한 범사회적인 인식이 요즘 들어 많이 달라진 데서 온 것이 아닌가 싶고, 이에 따라 탈춤에 대한 학문적 접근 방식이 이전과는 사뭇 다른 양상을 보이게 되었기 때문이 아닌가 한다. 이 두 가지 요인은 서로가 서로에게 적잖은 영향을 미쳤을 것이다.

이렇게 되기에는 60, 70년대 이후 대학가를 중심으로 크게 번져나간 민속극 부흥 운동선상에서 탈이라든가 탈춤, 탈꾼, 탈패라는 말들을 즐겨 써 온 관행이 지식 사회에서 뿐만 아니라 일반 대중에게도 그대로 널리 받아들이게 되어 가면극이라는 조금은 딱딱한 용어보다는 탈춤이라는 말이 한결 쉽게 보편화되는 사회 일반의 추세가 이를 부추기지 않았는가 싶다. 그런 흐름 속에서 민속극의 여러 갈래에 해당되는 명칭들이 자기 동일성에 준하는 각기 고유의 이름을 스스로 회복하게 된 점도 아울러 살필 수 있겠다. 이를테면 창악이 판소리로, 농악이 풍물로, 부락제가 마을굿으로, 노동요가 일노래로 본래 이름을 되찾게 되면서 가면극도 자연스레 탈춤으로 부르게 되었을 터이다.

한편 탈춤 부흥의 초반기에 여러 지역의 탈춤 가운데 가장 널리 알려지고 대중화, 국제화된 종목이 황해도 지역의 봉산탈춤 같은 것이어서 이러한 지역 단위의 한 용례가 탈춤 전반을 가리키는 데까지 세력을 넓혀 왔다고도 볼 수 있겠다. 그런데 산대놀음이나 들놀음, 오광대, 별신굿, 덧뵈기 등 탈춤과 대등한 명칭들을 제쳐두고 탈춤이 이들을 대표하는 이름으로 새삼 부각된 것은 위의 사정과는 또 다른 요인이 있다. 가면극이란 용어와 한때 경합을 벌이던 탈놀이(또는 탈놀음)란 말이 뒷전으로 물러난 듯하다가 다시금 대두되고 있는 것도 대수롭게만은 볼 수 없다.

탈춤은 놀이라면 놀이고 연극이라면 연극이되 그것의 특성이 놀이 일반이나 연극 일반을 접근하는 방식과는 다른 방식을 이미 요구하고 있다.

탈춤은 탈을 쓰고 말도 하고 노래도 부르며 춤추고 노는 연극적 놀이 또는 놀이적 연극이다. 탈춤에서 대사(才談)가 내용 구성상 중심 자리를 차지하고 있음은 두말할 것도 없지만 하나의 연행(演行) 행위로서 실제적으로 접근을 할 때에는 작품 독해(이를테면 reading)보다는 먼저 장단을 타는 몸놀림이랄까 춤에 익숙해질 때 탈춤의 본원에 좀더 가까이 가게 됨은 체험적으로 확인되는 사실이다. 또한 실제 공연 현장에서 탈의 착용은 그것이 던져 주는 은폐성, 신비감, 역할 대행, 판놀음의 신명 등으로 탈춤 특유의 표현성을 북돋우는 열쇠가 된다. 말하자면 재담도 재담이지만 특히 탈이나 춤이 탈춤의 독특한 극적 연행성을 이끌어 내고 있다는 점에서 볼 때 탈춤이란 말은 기존 용어의 차용이라기보다는 이 두 요소를 한데 묶어 낸 새로운 작명이라고 보는 편이 실상에 가까울 듯하다.

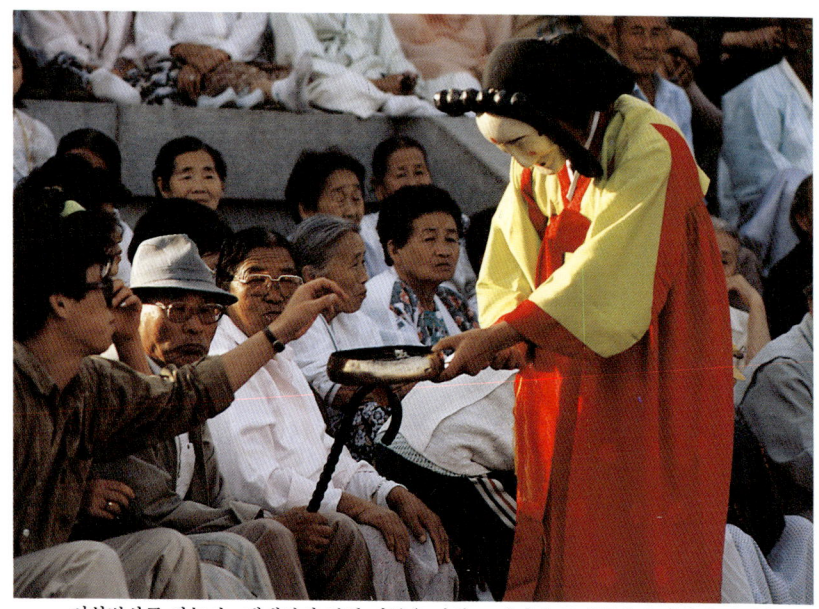

하회별신굿 탈놀이 대내림의 강신 마당을 마치고 각시가 구경꾼에게 다가가 별전을 거둔다. 서낭굿으로서 마지막까지 남은 종교 의례적 제차의 한 모습이기도 하지만 오늘날 관중에게 공동 참여의 계기를 마련해 주는 의도된 마당이기도 하다.

이렇게 본다면 가면극이란 용어가 지니는 연극적 의미 배경, 더욱 정확하게는 희곡 문학적 접근보다는 탈춤이란 말이 지니는 연행적 의미 배경이 탈춤에서 보다 본원적이라는 뜻이 된다.

말하자면 '가면극'적 접근 방식을 통해 연극 일반 또는 구비적 희곡 문학의 한 양태로 파악하여 대사를 중심으로 극적 전개 구조의 논리적 분석에 치중함으로써 중세 연극으로서 전근대적 한계성을 지적하거나 민중극으로서 근대성을 밝혀 내는 일이 요긴한 것임에는 분명하다. 하지만 '탈춤'적 접근 방식을 통해 연행 일반 가운데 독특한 한 양태로 파악하여 탈과 춤과 마당판 사이에 생동하는 연행적 상황을 통찰하는 데 주력함으로써, 원초 연극으로서 연행 정신이나 살풀이굿으로서 해원 상생의 신명성을 밝혀 내는 것이 오늘날 한결 의미 심장하고 시의 적절한 학문적 과제로 떠올릴 수 있지 않는가 하는 것이다. 여기서 중요한 것은 동원 매체 상호간 그리고 놀이꾼과 구경꾼 상호간에 터놓고 한 판을 짜게 하는 출렁이는 연행 판의 성격을 규명하는 일이다. 그것은 몸과 마음, 주관과 객관이 하나가 되어 앞을 향해 열려 있는 공동체적 생명력, 그 민중적 신명을 온몸으로 밝혀 내는 일이 될 것이다.

20세기 이후 세계 연극의 조류는 문학적 연극에서 탈피하여 연극 본래의 연행성 특히 몸짓과 소리와 연행적 시공간의 창조 등을 중시하는 경향을 보이고 있다는 사실도 염두에 둘 수 있다.

가면극이라고 하든 탈춤이라고 하든 그 말이 지닌 의미 배경에 토대를 두고 그러한 용어를 사태 판단의 일차적인 매체로 하여 현상에 다가가는 것은 접근 시각이나 인식 방식에서만 다를 뿐이고 결국 현상의 본질을 규명하는 데는 크게 다르지 않다. 그렇지만 오늘날 민중 연희들에 대한 실천적 이론이 지향하고 있듯이 유기적이고 총체적 접근을 통한 학제적(學際的) 학문 교류의 측면에서는 상당한 차이가 나지 않을 수 없을 터이다.

가면극에서 탈춤으로 이름이 바뀌고 있다는 사실은 단순한 의미론적 해석의 차원을 넘어 탈춤을 보는 눈이라든가 탈춤의 현실 맥락에 대한 오늘날 학문 사회의 요구가 어떠한지를 실증적으로 말해 주고 있는 것이다.

탈

탈의 뜻

우리말 '탈'은 광대, 초란이, 탈박, 탈바가지라고도 하고 한자의 표기로는 면(面), 면구(面具), 가면(假面), 대면(代面), 귀두(鬼頭), 가두(假頭), 가수(假首), 괴뢰(傀儡), 귀뢰(鬼儡) 등으로 뒤섞여 사용되었다.

그 밖에 인형 계통의 한자어도 곽독(廓禿), 토용(土俑), 처용(處容) 등 여럿 있어 같은 뜻으로 쓰였다. 가면은 원래 얼굴의 앞면을 가리는 면구이고 가두는 머리 전체를 후두부까지 가리는 것으로 구분한다. 광대라는 말은 연희자라는 뜻말고도 얼굴이나 낯 또는 거기에 물감을 칠하는 일을 뜻하기도 하였다. 이를 미루어보면 얼굴을 가리거나 머리에 쓰는 것만이 탈이 아니라 가장의 필요에 따라 온몸을 가리기도 하고 따로 가장물을 만들어 놀리는 것을 모두 탈에 포함시켰다고 하겠다.

탈은 '가린다' '감춘다'라는 은폐성의 뜻을 지니고 있는데 어감상 언뜻 그리 좋은 인상을 주는 말은 아니다.

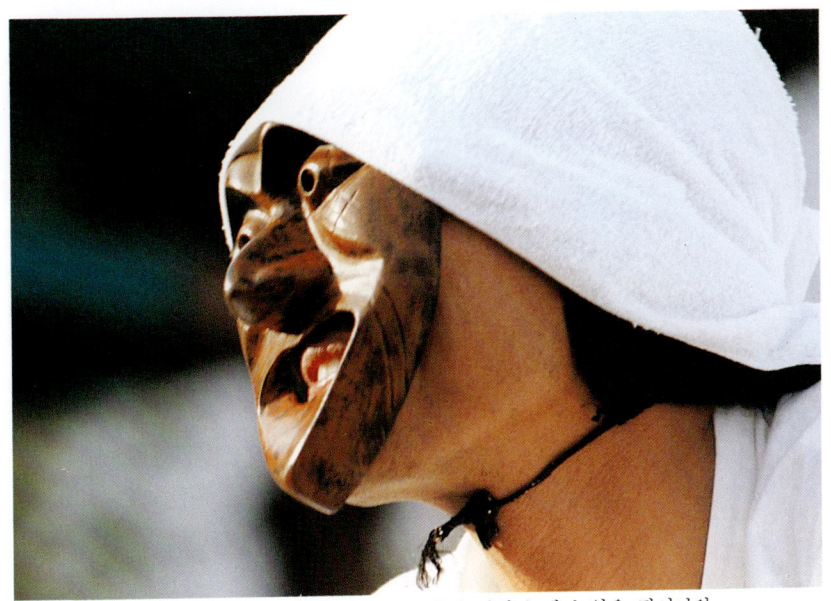

하회별신굿 탈놀이의 할미탈 광대뼈가 불거지고 움푹 파인 눈에 눈알은 튀어나와
있다. 양볼, 눈언저리, 입가에 주름살이 패여 있고 뾰족한 턱에 입은 크게 벌어져
있다. 지지리 궁상스런 표정이 문득 살아 강렬한 호소력으로 다가온다.

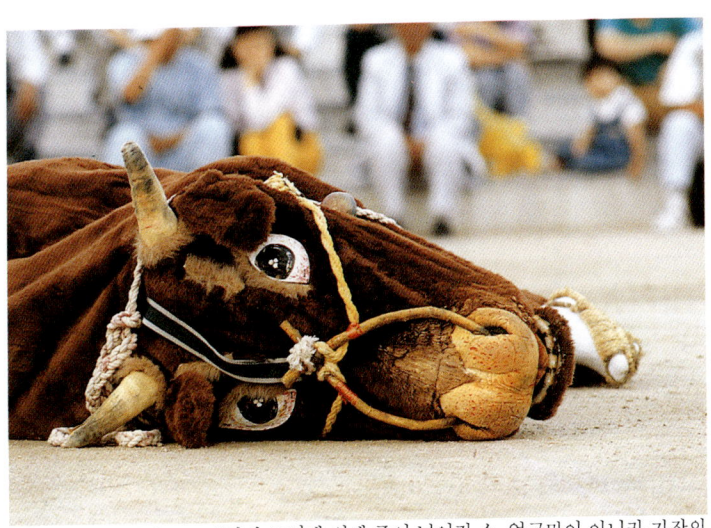

하회별신굿 탈놀이의 소 백정의 도끼에 의해 죽어 넘어진 소. 얼굴만이 아니라 가장의
필요에 따라 온몸을 가린 것도 탈이라 한다.

탈 13

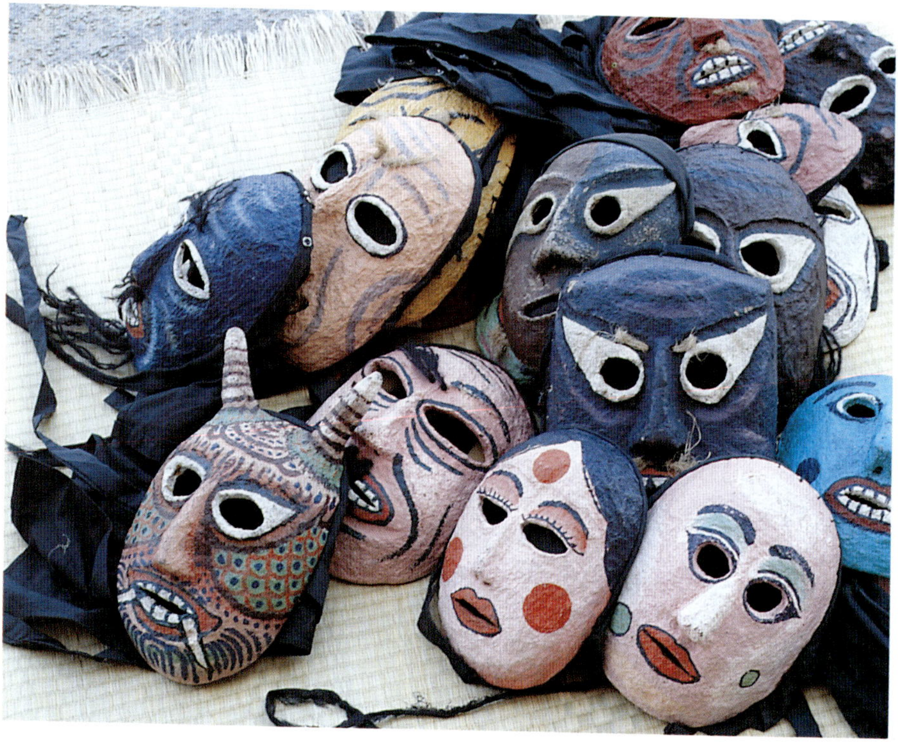

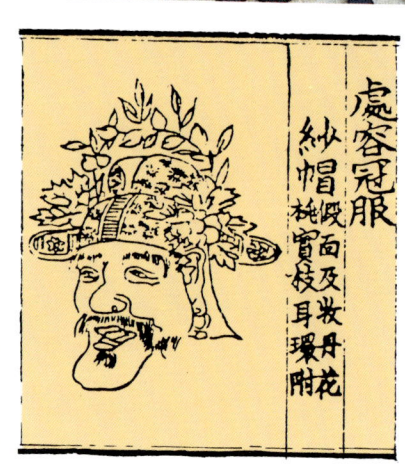

고성오광대 탈들 예전에는 종이를
짓이겨 만든 탈을 썼으나 요사이는
오동나무로 만든 탈을 겸용하고 있
다. 고성오광대는 1964년 중요무형
문화재 제7호로 지정되었다. (위)
「악학궤범」'시용향악정재 (時用鄕樂
呈才)'에 실려 있는 처용탈 (오른쪽)

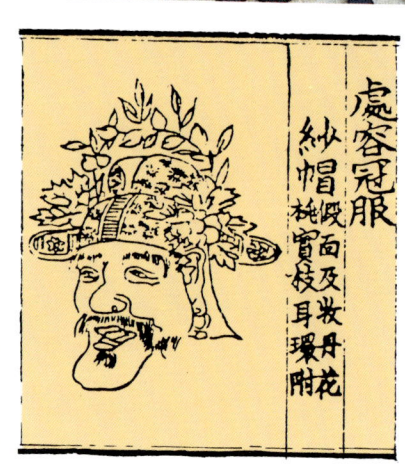

處容冠服
紗帽假面及粧丹
桃寶花
枝耳
環附花

한자로 가면은 가짜 얼굴을 뜻하며 '탈을 썼다' '가면을 썼다' 하면 겉과 속이 다른 이중성을 일컫는 말이 되기도 한다. 양두 구육(羊頭 狗肉)이란 말처럼 본심을 감추고 겉으로는 그렇지 않은 것처럼 꾸민 거짓스럽고 의뭉한 작태를 가리키는 것이다. "사람의 탈을 쓰고 그런 짓을 하다니"라고 할 때의 탈은 거죽, 꺼풀, 낯짝 또는 꼬락서 니, 행색이란 뜻이다. 곧 못마땅하게 여겨 낮추어 보는 모멸감을 풍긴다. 또 '아는 게 탈'이라거나 '배탈이 났다'라고 할 때는 사고가 났거나 장애에 부딪혀 무언가 잘못되어 있는 상태를 말한다. 산림 지대에 살던 사람의 인사말 가운데 "밤새 탈이나 없었느냐"고도 하는데 이때 탈은 호환(虎患)을 뜻하던 말이었다. 또 "멀쩡한 생사 람을 탈잡는다"고 하면 공연히 까탈스럽게 굴고 꼬투리를 잡아 트집 을 부리거나 어떻게 하든지 허물을 꼬집어 내어 탓하고 헐뜯는 성깔 이 있음을 이른다.

이렇게 보면 탈이란 말은 눈가림, 꾸며냄, 거짓, 의뭉스러움, 거 죽, 꺼풀, 낯짝, 꼬락서니, 행색, 변고, 장애, 고장, 환란, 액, 까탈스러 움, 트집, 꼬투리, 헐뜯음, 허물, 핑계, 탓, 성깔 등과 같은 말과 연관 되어 있는 듯하여 대체로 보아 그리 좋은 어감은 아니다.

서양말로 '마스크'라 하면 얼핏 가장 무도회의 동물 형상이 떠오르 고 야구나 펜싱에서 방어용으로 얼굴에 쓰는 마스크라든지 화생방 의 방독면, 용접 마스크, 데드 마스크 등이 연상된다. 또 "그 마스크 에 그 몸매"라는 말과 함께 공상 과학 영화에서 본 외래인의 흉칙한 얼굴 형상도 떠오른다. 이에 미루어 가장, 변장, 복면, 자기 방어, 보호, 엄폐, 은폐, 용모 대행 등의 뜻이 담겨 있는 것 같아 우리말의 탈보다는 어감이 썩 나쁘지는 않다.

탈, 가면, 마스크라는 말들이 지닌 뜻이나 느낌 등을 한군데 모아 이를 탈춤과 결부시켜 본다면, 탈춤은 좋지 않은 세상살이를 두고 까탈부리며 거짓꾸며 춤추고 놀고 있는 것이라고나 할까. 탈춤은 탈을 쓰고 탈난 것을 탈잡아 노는 춤놀이다. 탈을 쓴다는 것은 놀이에서 가면을 복면처럼 얼굴에 쓴다는 말이겠고, 탈난 것이란 살아가면서 맞닥뜨리는 온갖 궂은 일이나 변고, 액, 재앙을 일컫는 것이겠다. 탈잡는다는 것은 허물을 트집잡아 까다롭게 군다는 뜻이지만 안 좋은 것, 잘못된 것, 부정적인 것을 밝혀 꼬집어 내어 비평한다는 뜻으로 풀이할 수 있다. 맺힌 응어리를 순조롭게 풀어 안 된 일을 되게 한다는 적극적인 의미도 있는 것이다. '탈바꿈'이란 말도 단순한 의미의 전신(轉身)이 아니다.

탈의 주술성

탈춤은 한마디로 벽사 진경(辟邪進慶)의 액땜 또는 살풀이라 할 수 있다. 그런 만큼 탈춤은 자연의 재해를 물리쳐 삶의 안녕과 풍요로움을 맞이하는 유감 주술적인 굿이기도 하고 인간 사회의 비정상을 공격하여 정상을 되찾는 현실 비판적인 연극이기도 하다. 또한 주술적인 것과 현실적인 것, 예축성(豫祝性)과 비판성이 서로 맞물려 있다.

흔히 탈춤은 인간과 자연, 인간과 신의 문제를 주술적으로 해결하려는 굿에서 인간과 인간, 인간과 사회의 문제를 예술적으로 표현하려는 극으로 발전해 왔다고 한다. 굿에서 극으로, 주술성에서 예술성으로 전환되어 온 과정은 어느 곳, 어느 민족의 연극에나 두루 통하고 있다. 우리의 탈춤도 예외가 아니다. 물론 굿이 자연이나 신 사이 갈등만을 다루는 것이 아니라 인간 사이의 사회적 갈등도 다루는 것이며 마찬가지로 극 또한 자연이나 신 사이 갈등도 아울러 다루지만 다만 우리에게 있어서는 동양의 전통극 일반이 그렇듯이 일과 놀이를 신에게 바치는 공의(公儀)라는 종교 의례성이 연극 예술로

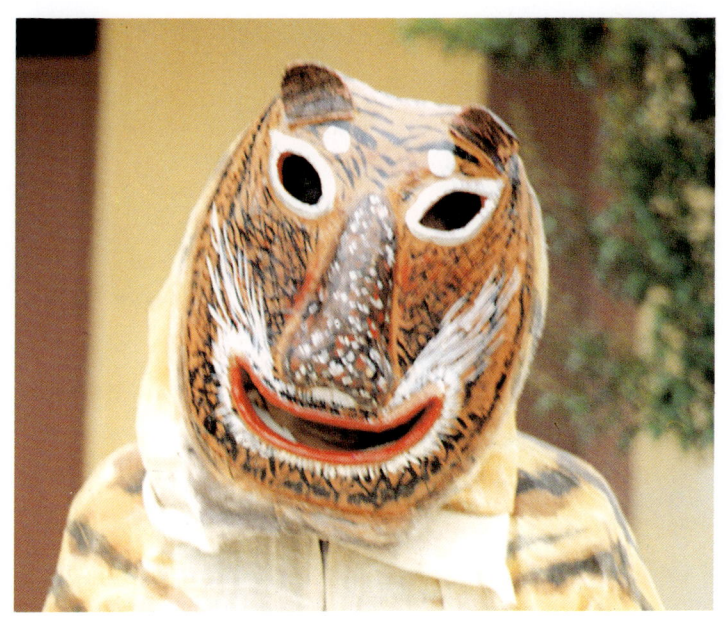

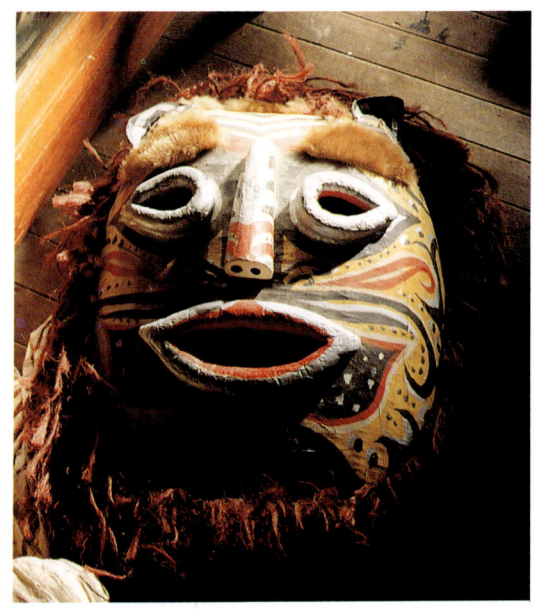

수영들놀음의 담보 (위)
통영오광대의 사자탈 (왼쪽)

탈 17

발전된 이후까지도 끈질기게 남아 곳곳에 보인다는 점이다. 그만큼 주술성이 뿌리깊다고나 할까.

과학적이고 합리적인 사고 방식이 탈춤의 주술적인 내용을 사회 비판적인 내용으로 바꾸었다 하더라도 제의적인 요소를 완전히 제거하지는 못하였다. 오늘날 전해 오는 탈춤을 보면 판열음의 고사, 지신밟기식의 길놀이, 벽사의 의식춤, 오방신장무(五方神將舞), 뒤풀이, 탈의 소각 등에서 굿놀이의 형태적 잔재를 찾아볼 수 있다. 또한 탈춤이 세시 풍속의 일환으로서 명절날 마을 단위의 축전이었던 점도 그러한 의미 배경 속에 있다.

이러한 제의적인 습성은 탈의 경우 한결 두드러진다. 굿에서 극으로 옮겨옴에 따라 탈의 형상도 원래 귀신 형용에서 점차 인간의 모습으로 바뀌어져 왔음은 여러 가지 사례에서 검증되지만 예부터 후대에 이르기까지 탈은 외경심을 불러일으켰고 탈의 힘에 거역하면 탈이 난다고 해왔다.

원시시대의 수렵 가면, 전쟁 가면, 기도 가면 등의 주술성은 말할 나위도 없지만 제천 의식이나 신화 체계의 행위 전승에 사용된 탈도 제의적인 것이었다. 우리나라에서 가장 오래 된 탈인 호우총(壺杅塚)의 목심칠면(木心漆面)이나 신라의 황창무(黃昌舞), 상염무(霜髥舞)의 탈도 주술적인 성격이 강하고 호국신인 용신(龍神)을 제사지낼 때 사용된 처용탈의 유래담이나 통일신라 이후 일반 민가에서 처용 화상을 걸어 역신을 막았다는 사실도 처용탈이 유감 주술적인 것의 내림이었음을 반증한다.

고려와 조선시대의 눈알이 번뜩이는 방상씨(方相氏) 가면이나 궁중 나례(宮中儺禮)의 탈도 역시 제액(除厄)의 것이고, 연산조의 풍두무(豊頭舞)라는 탈춤의 탈도 그 이름으로 보아 귀신 형용의 탈이었음 직하다. 이는 머리를 풀어헤친 봉두 난발의 귀면형으로 봉산 목중탈의 형상과 비슷했으리라 유추해 본다. 개성 덕물산의 탈이나 제주도 입춘굿의 탈도 굿놀이의 탈일 수밖에 없다. 동해안 별신굿이나 들놀음, 오광대에 나오는 영노, 비비, 주지, 사자, 범, 담비탈 들도 영험하고 신령스런 가상 동물의 형상이다.

하회에서는 몇 년에 한 번 별신굿을 할 때에 엄숙한 제의를 올리고서야 탈을 뵐 수 있었다고 하고 탈 제작자인 허도령의 전설은 탈과 관련된 금기(禁忌) 사항이 얼마나 엄격했는지를 짐작케 한다. 하회뿐만 아니라 북청에서도 탈을 함부로 다루다가 목숨을 잃은 경우도 있었으며 탈의 영험력으로 불치병을 고쳤다는 이야기도 전해 온다. 제의적인 민속 사회가 아니더라도 탈을 쓰면 그때만은 신격의 존재가 되어 탈쓴 노비가 못된 양반을 징치하여도 아무런 뒤탈이 없었다고 한다.

근래 봉산에서는 놀이를 마친 뒤 탈을 소각했다고 하고, 양주에서는 일반 민가에서 보관을 꺼려해 마을의 외딴 곳에 따로 두었다고 한다. 또 탈을 쓰고 논 사람은 제사에 참가하지 못하였다고 한다. 이런 자료는 탈놀이 자체를 비천하게 보는 사회적 관습을 말해 주기도 하지만 벽사의 의미와 함께 탈을 금기의 것으로 본 내림이 얼마나 뿌리깊은가를 잘 말해 주는 것이다.

궁중 나례나 일반민의 장례 절차에서 탈을 쓰고 놀기도 했다는 것은 탈에 얽힌 주술적 효능을 활용한 예일 터이다. 또 최근까지 통영에서는 기우제 때 탈을 쓰고 놀면 비가 왔다고 한다. 거기서는 요즘도 탈을 '탈님'이라 부르며 받들어 모시고 있다.

탈에 대한 민간 의식이 이처럼 벽사, 금기, 신비, 외경, 영험 등과 결부되어 있지만 탈이 마냥 낯설고 두려운 존재만은 아니다. 불상이나 염주, 성화처럼 소중히 모셔 몸 가까이 두고 하염없는 눈길과 손때로 정을 쏟아 제몸 살붙이처럼 애지중지 정성을 다하는 치성의 대상이기도 한 것이다.

생활의 손때나 마음의 손때가 묻은 것에는 귀신이 많이 붙는다는

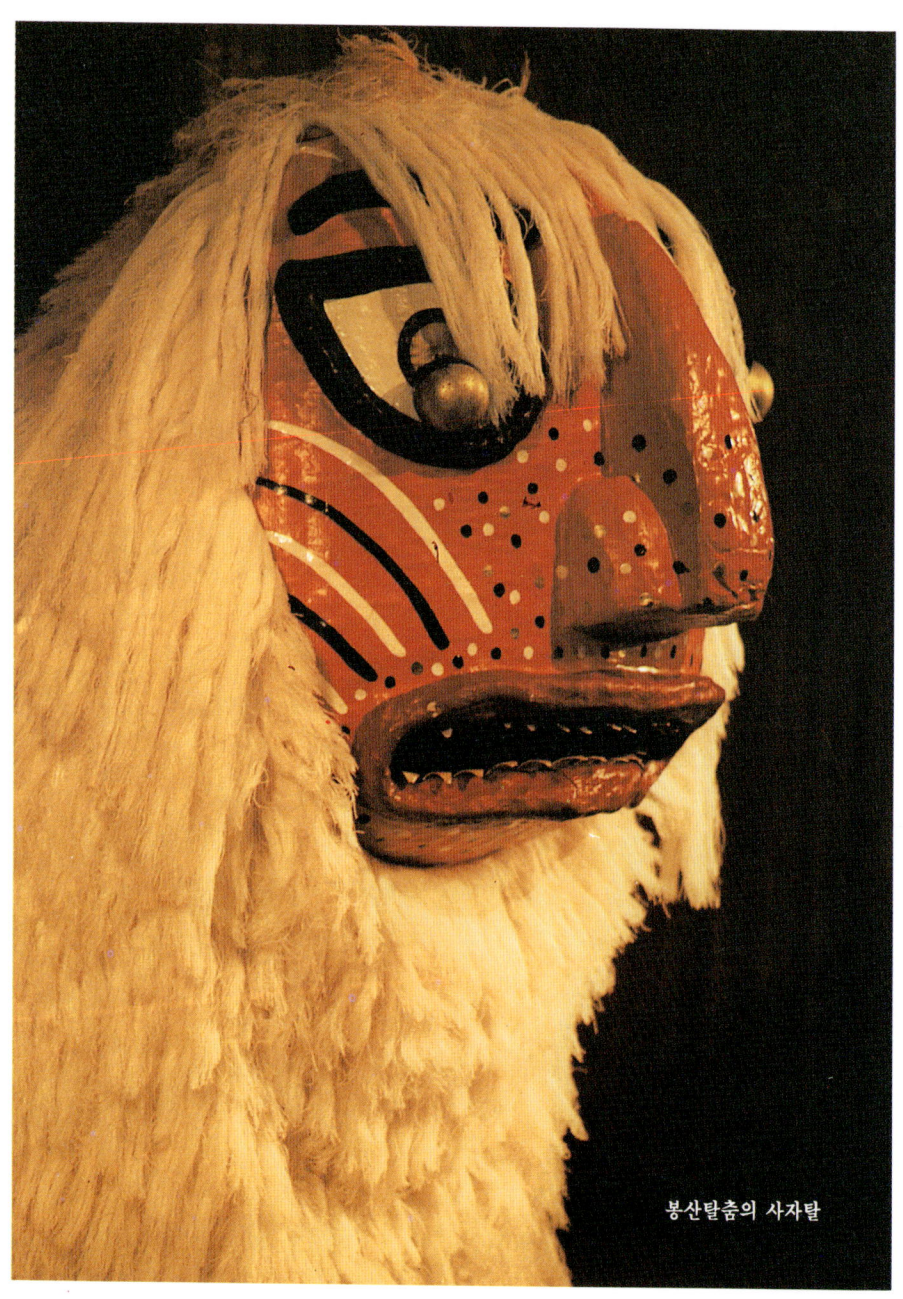

봉산탈춤의 사자탈

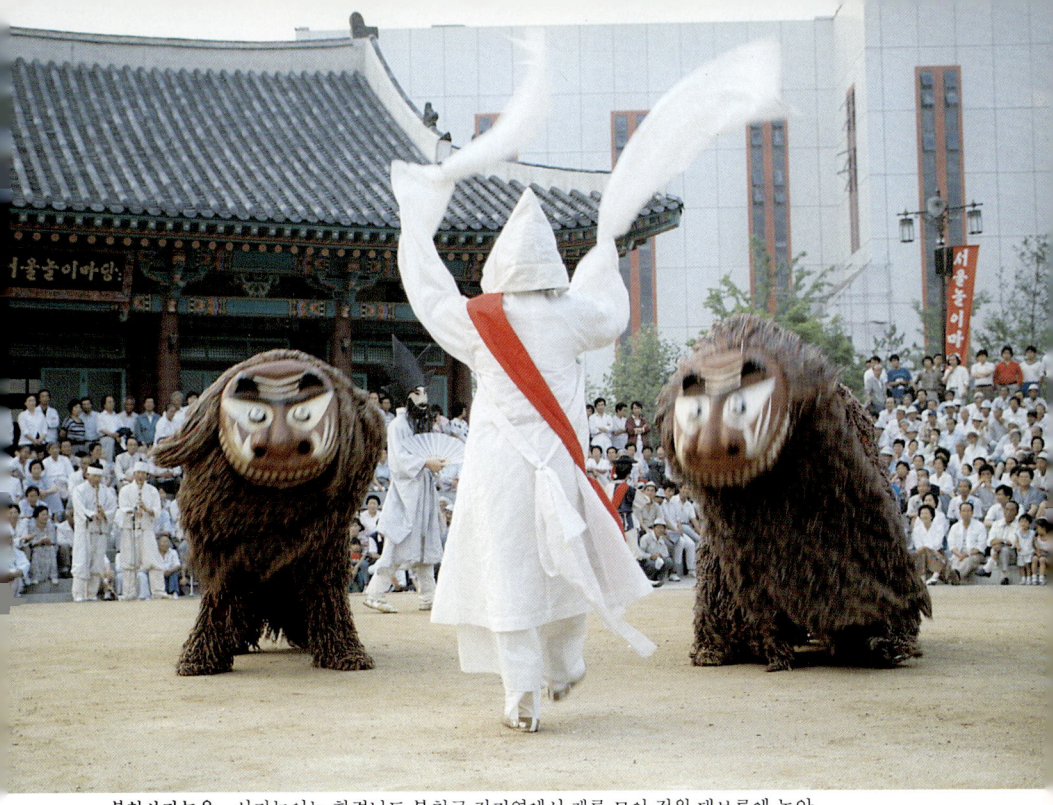

북청사자놀음 사자놀이는 함경남도 북청군 전지역에서 계를 모아 정월 대보름에 놀았다. 그 가운데 구 청해면 토성리 사자놀음은 관원놀음과 합쳐져 더욱 이름이 높았다. 북청사자놀음은 1967년 중요무형문화재 제15호로 지정되었다.

속신(俗神) 관념이 있어 이런 물건을 신앙의 대상으로 삼는 일이 민속에선 흔하다. 일상 생활 용구도 그러하다. 이빠진 단지, 부러진 부지깽이, 몽당 빗자루, 닳아빠진 고리짝같이 아무 쓸모가 없게 되었는데도 좀체로 내다 버리지 않는 것은 단순한 늙은이의 마음이 아니다. 일상 생활 용구는 실용성과 함께 그에 따른 신앙 의례적인 것이고 거기에 부합된 아름다움이 존재한다. 대부분의 민화도 잡귀를 쫓는 실제적인 기능을 지닌 것이어서 부적처럼 사용된 그림이었지 정서적 관상만의 대상은 아니었다. 노리개나 패물 따위도 축재의 의미가 있으나 신이 깃드는 신체(神體)로서의 의미도 있다. 소중한 것일수록 신을 모시고 신에게 바치는 헌납의 몸붙이인 것이다. 그러므로 탈춤에서 노장은 자신의 온 생애의 상징인 염주를 벗어 소무에게 건네 주고 그의 환심을 샀다. 탈도 이런 몸붙이와 같은 것이다.

탈을 한참 보노라면 어딘지 주변에서 흔히 본 듯한 얼굴이 연상되고 때로는 제모습인 듯이 보인다. 탈처럼 생긴 얼굴도 주위에서 흔히 보게 된다. 이런 얼굴은 대개 잘생기지 않아 오히려 친근감을 준다. 어쩌면 이런 탈의 얼굴이 우리와 한편이 되어 공동의 적을 물리쳐 보살펴 주는 듯한 위력적인 인상으로 비치기도 한다. 두렵기도 하고 신뢰감도 간다. 이런 탈 앞에서는 모든 것을 풀어헤쳐 내게 되는 듯한 해방감을 맛보게 된다. 탈을 보면 동심이 아니더라도 한번 써 보고 싶고 남들에게 보이면서 어울리고 싶고, 푸근하면서도 신명이 절로 나는 이유가 대개 이러하다. 들놀음의 앞놀이인 길놀이에서는 놀이판에 참가한 사람마다 스스로 만든 탈을 쓰고 신바람이 난 가장 행렬에 한몫을 한다.

탈의 연행성

탈은 걸어 놓고 완상하는 장식적인 고정체가 아니다. 쓰고 움직이는 것이기에 움직이는 조각(물론 오늘날의 mobile과는 다르지만)과 같이 생동하는 공간적 가변성을 지닌다.

탈춤에서 탈은 춤이나 노래나 발림과 함께 단순히 배역 인물의 성격을 규정짓는 차원을 넘어 시시때때로 극적 상황을 연출하면서 표정의 변화를 일으킨다.

하회탈을 보면 심한 요철 굴곡과 비대칭적인 형상으로 얼굴을 숙이면 침울하고 들면 호방하여 다양한 표정으로 생동감을 창출한다. 탈은 맨얼굴의 표정만큼 자유롭지는 못하나 고착된 조형 공간의 것은 아니다. 연행으로서 생동하는 조형 공간인 것이다.

혼례식에 동원된 병풍이나 나무 기러기는 그 자체만으로 완결된 조형적 의미를 지니지는 않는다. 혼례 현장의 진행 과정과 깊은 관계를 맺으며 혼례의 행위들과 더불어 조형적인 의미를 새롭게 만드는 것이다. 병풍은 단순한 무대 장치가 아니라 연희 상황과 직접 관계를 맺음으로써 사람과 더불어 행동하는 그림이 되고 병풍 속의 동식물 그림은 본질적으로 민담 속의 동식물과 마찬가지로 사람들과 얘기를 주고받는 구연자(口演者)가 된다. 병풍은 그림의 이미지만으로 의미가 다 드러나는 것이 아니라 병풍이 속해 있는 연행 사건의 한 과정이 되어 상황과 더불어 새로이 그 모습을 만들어 가는 연행 주체인 것이다. 주변과 유기적 관계를 맺으면서 행동하는 매체로 사용되도록 자신을 상황의 구조적 관계 속에 던져 넣는다. 이렇게 더불어 판을 짜는 것이다. 제자리를 지키고 있는 병풍이 그러할진대 연희자의 몸에 붙어 움직이는 탈인 경우에랴.

열린 공간의 세계에 행위로 참여하는 탈은 판을 출렁이게 하여 난장을 트게 해주는 활력소일 뿐 아니라 의사 소통을 매개해 주는 살아 있는 신호 전달 체계이기도 하다. 이렇게 판을 열어 숨어 있는 놀이 심성을 분출시켜 주는 탈은 숨어 있는 신명을 돋구어 낸다. 이는 은폐성과 밀접한 연관이 있다.

탈을 쓰면 제얼굴을 가리는 것이 되어 우선 기분이 안온해지고 군중 앞에 몸을 드러내어 안면을 트는 일이 어렵잖게 된다. 늠름해지고 담대해지기까지 한다. 탈춤의 이름난 연희자 가운데에는 탈을 쓰지 않으면 싱겁다고 하여 신명이 덜 난다고 말하는 사람도 있다. 또 탈을 쓰면 '역할 바꾸기'가 되어 탈의 역을 자연스럽게 대행하게 된다.

탈춤에서는 대상과 자신이 무분별하게 일치되는 감정 이입(感情移入)이 아니라 비판적 거리로서 소격화(疎隔化)가 일어난다. 배역을 맡은 사람이 전적으로 배역의 인물이 되어 무대에 서는 '내면적 리얼리즘'의 연기가 불필요하게 되는 것도 거기에서 비롯된다. 그는 그가 쓴 탈의 배역으로 나오는 동시에 자신으로서도 나온다. 탈꾼들이 이른바 감정을 제대로 잡지 못하고 수시로 놓치고 자신을 드러내는 연유가 그러하다. 그는 자기가 맡은 배역까지도 스스로 객관화하여 공격하고 웃어도 되는 것이다. 이것은 연희자가 극적 인물로 전환되는 과정이 이미 극 속에 포함되어 있는 것과 연관된다.

고성오광대의 문둥탈

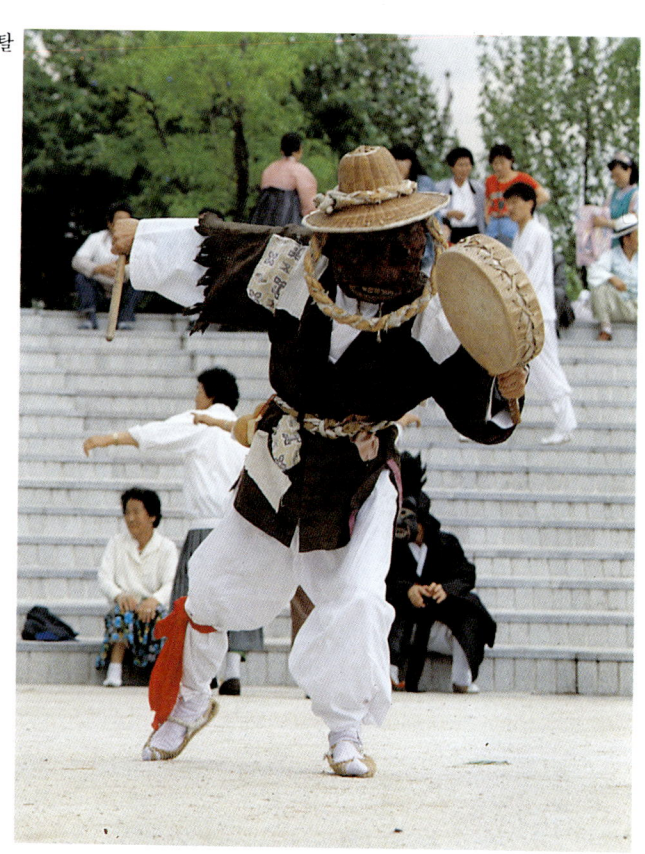

탈의 조형성

탈은 그 자체가 스스로의 삶을 그대로 반영하고 있다. 탈의 형상을 두고 골상학적 분석을 한다면 그 탈의 삶의 편력을 알아 낼 수가 있을 것이다. 마치 경륜이 높거나 인상을 잘 보는 사람이 얼굴을 보고 인생 내력을 풀어 낼 수 있듯이.

탈의 형상은 유형적인 표현을 하고 있다. 이런 유형성은 동질 경험의 집단 속 여러 사람에 의해 겹겹이 그 이미지가 중첩되어 나온 것이다. 그러므로 비록 개별적인 시지각(視知覺)에서 형상화된 것일지라도 그것은 이미 공동적 시지각의 전지적(全知的) 시선 속에 흡수된 것일 뿐이다. 개개 탈의 개성적 형상은 유형화된 속에서 집단의 주관화 또는 객관의 주관화일 뿐이다.

탈의 유형적 조형성은 개별 인물의 성격뿐만 아니라 사회적인 성격도 반영하고 있다. 특히 뒤의 것은 사회적 공동 인식 내용의 인격화라고 할 수 있다. 그러한 유형성은 탈춤의 유형적 내용이나 등장 인물의 유형적 성격에서 비롯된 것이기도 하다. 탈춤은 사회 계층 사이의 갈등이 몇 가지 주제로 유형화된 것임이 잘 알려져 있다. 등장 인물의 극적 성격도 파계승, 양반층, 하인, 노부부, 떠돌이 장사꾼, 몸파는 여자, 유랑 걸인, 병신 등으로 유형화되어 있다. 등장 인물의 유형적 성격(stock character)이 지속되면서 연희자의 이름이 봉산의 '안초목'처럼 단골 배역의 이름으로 바뀌거나 목중이란 배역의 이름이 양주의 '완보(完甫)'처럼 연희자의 이름으로 바뀌기도 한다. 실제 말뚝이란 이름의 하인이 있었다는 이야기도 있다.

탈의 유형적 조형성은 해마다 되풀이되는 연행의 주기적 반복성에 연유되어 있기도 하지만 유형적인 말재담의 틀과도 연관되어 있다. 가령 미얄의 경우 "난간이마에 주게턱, 웅캐눈에 개발코, 쌍통은 다 깨진 바가지같고 머리칼은 다 모즈러진 빗자루같고……"

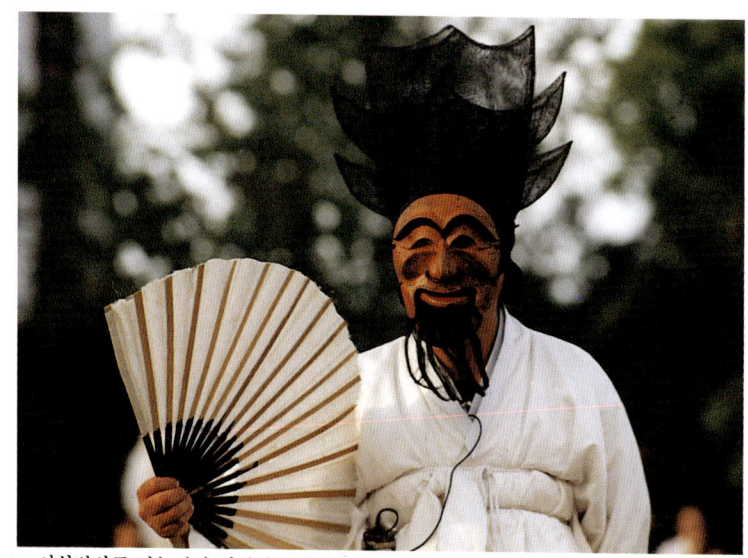

하회별신굿 탈놀이의 양반탈 하회탈은 오리나무에 종이를 입히고 옻과 안료를 두세
겹 칠한다. 양반, 선비탈 둘 다 매부리코인 점이 특이하다. 후대의 양반탈을 보면
하회탈에서 보이던 위엄, 권위, 덕성 등이 사라지고 허세와 비리와 거드름을 날카롭
게 풍자하여 왜곡, 폄출, 찬탈시킨 공격성을 보인다. 그러나 형상의 완성도에서 보면
하회탈에 비할 바가 못 된다.

등의 재담이 미얄탈의 형상을 유형화시킨다. 이런 말재담은 탈의
형체가 없더라도 미얄탈의 형상을 전승시키는 기능을 지닌다. 탈은
연행이 끝나면 소각되기 마련이므로 새로운 탈은 머리에 기억되어
있는 탈의 형상에 따라 제작된다. 따라서 변형은 불가피하지만 탈의
원초 형상은 경험 동질 집단 속에서 저장된 실체로서 전승된다.
전승 과정의 이러한 저장된 유형성에서 즉흥성과 창의성이 나온
다. 연행 일반이 그러하듯 탈이나 탈춤의 전승 원리는 유형성 속의
즉흥성 또는 창의성이다. 그러나 오늘날 탈이 원형을 얼마나 훼손시
키고 있는가 하는 문제는 접어두고라도 즉흥성 또는 창의성이 폐쇄
적으로 도식화되거나 다양성이 일률화되어 퇴행하고 있음은 늘
지적되고 있는 문제이다.

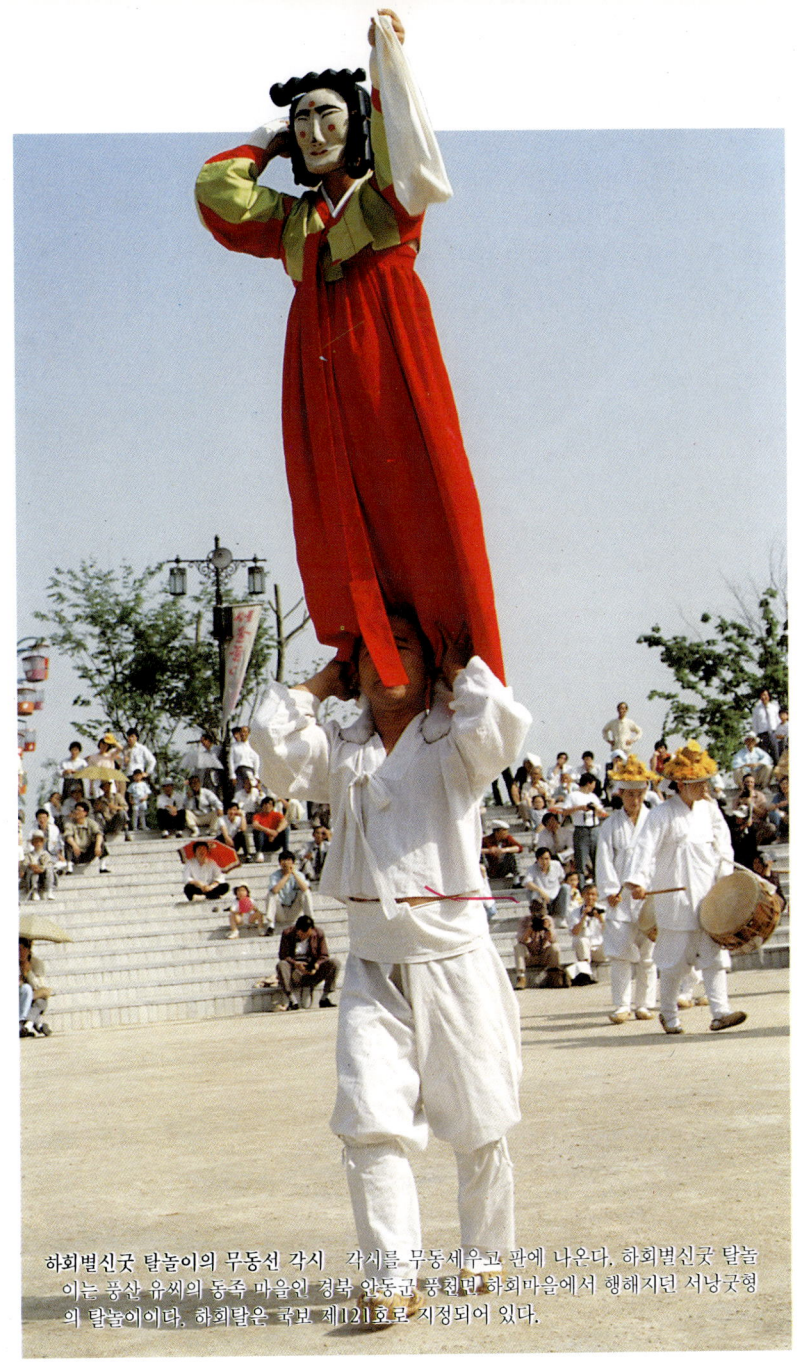

하회별신굿 탈놀이의 무동선 각시 각시를 무동세우고 판에 나온다. 하회별신굿 탈놀
이는 풍산 유씨의 동족 마을인 경북 안동군 풍천면 하회마을에서 행해지던 서낭굿형
의 탈놀이이다. 하회탈은 국보 제121호로 지정되어 있다.

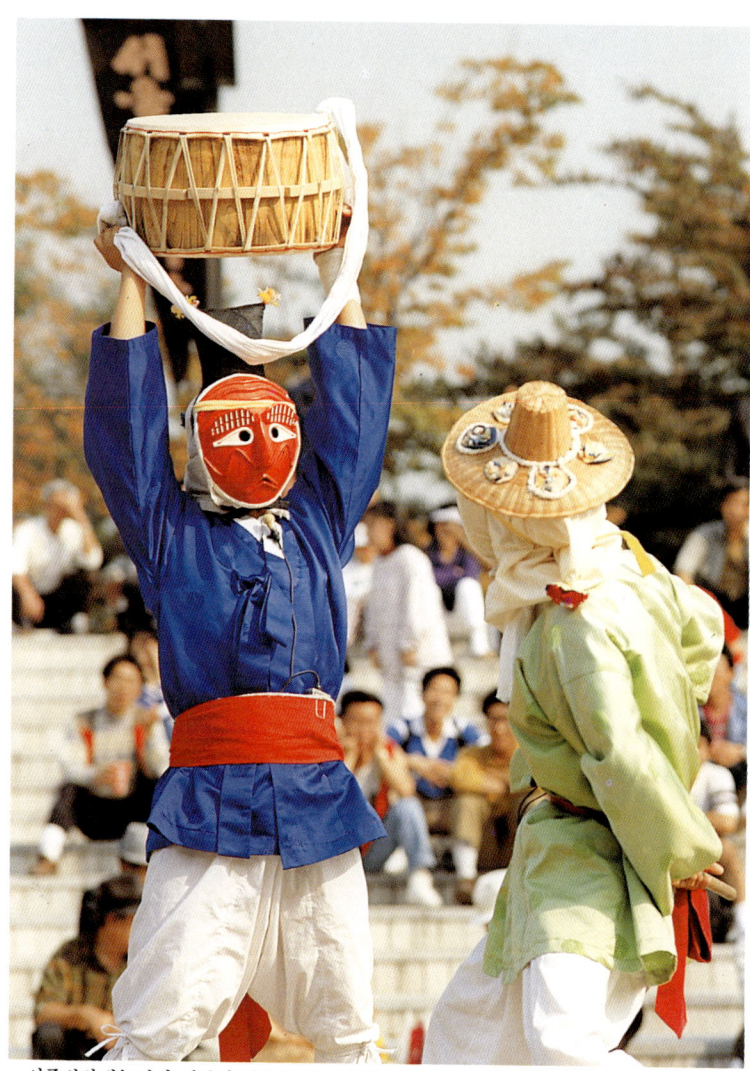

양주별산대놀이의 애사당 법고놀이 애사당 법고놀이가 끝나고 완보와 목중이 법고를
사이에 두고 입씨름을 벌인다. 완보는 목중의 우두머리로서 관쓴 중으로 일컫기도
한다. 완보라는 이름은 양주사직당 당직이의 실제 이름이었는데 그가 완보역을 잘
하였기에 그 이름이 역의 이름으로 되었다고 한다. 또 어떤 이는 몽고인 광대의 명칭
인 완보가 전래된 것이라고도 한다. 양주별산대놀이는 1964년 중요무형문화재 제2
호로 지정되었다.

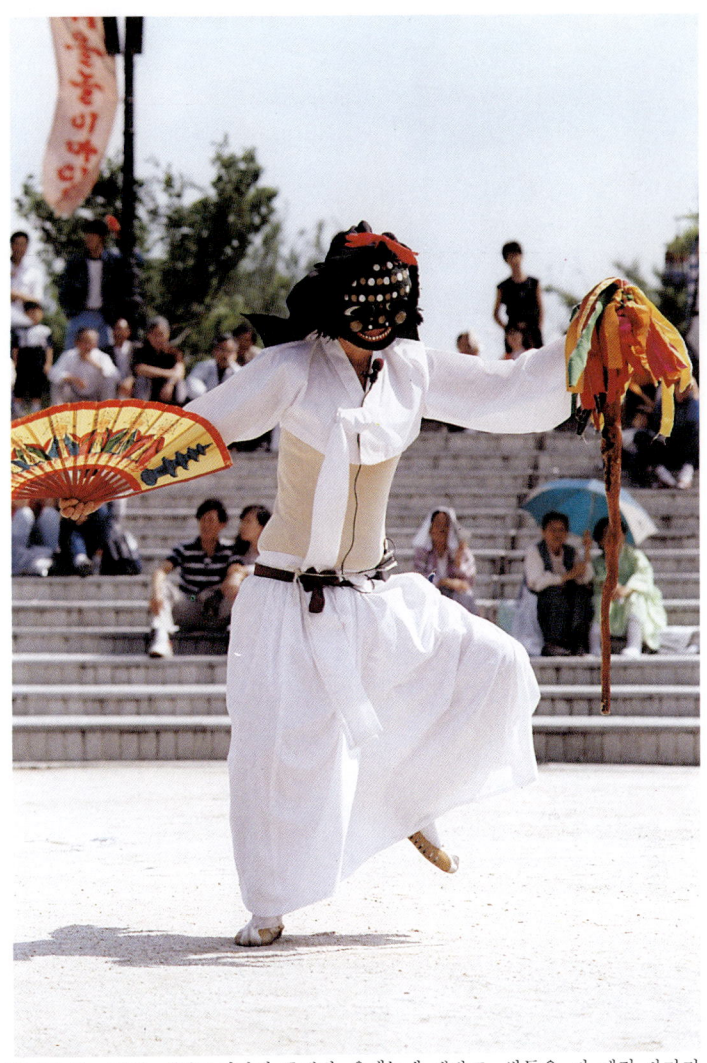

강령탈춤의 미얄탈 "난간이마에 주게턱, 옹캐눈에 개발코, 쌍통은 다 깨진 바가지 같고 머리칼은 다 모즈러진 빗자루같고 …" 이러한 재담이 미얄탈의 형상을 만들어 내고 탈의 형체가 없더라도 탈의 형상을 전승시키는 기능을 지닌다.

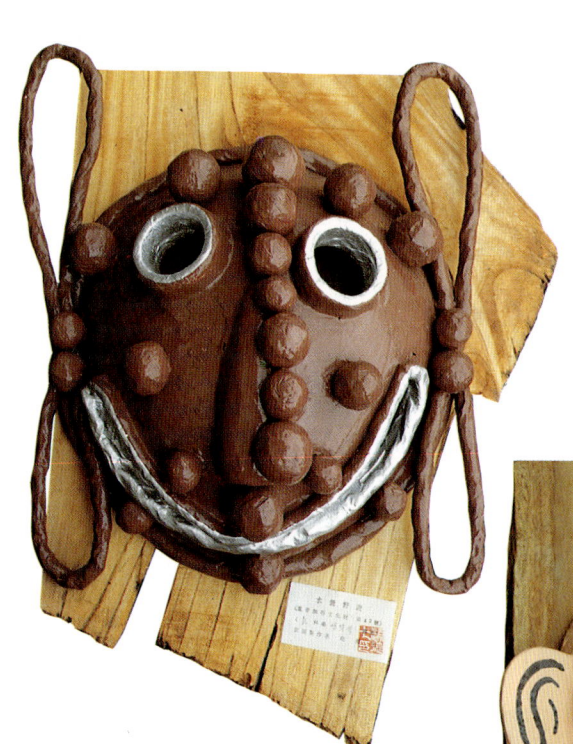

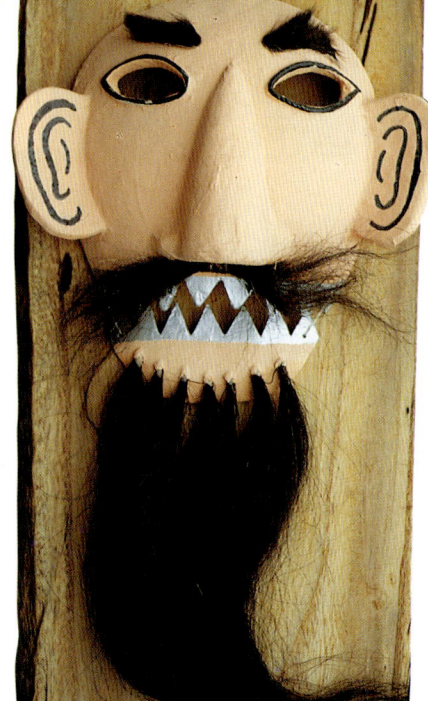

수영들놀음의 **수양반탈**(오른쪽)과 **말뚝이
탈**(위) 바가지에 한지를 바르고 그 위에
색칠을 하고 나서 먹으로 형상을 다듬었
다. 눈썹이나 수염은 말총, 토끼털을 쓴
다. 귀를 만들어 붙인 것이 통영오광대의
것말고는 딴 데서 보기 어려운 한 특징인
데 통영에 비해 귀가 열려 있다. 수양반탈
은 아래턱이 움직이도록 분리되어 있는
것이 특색이다. 수영들놀음은 1971년
중요무형문화재 제43호로 지정되었다.

30 탈

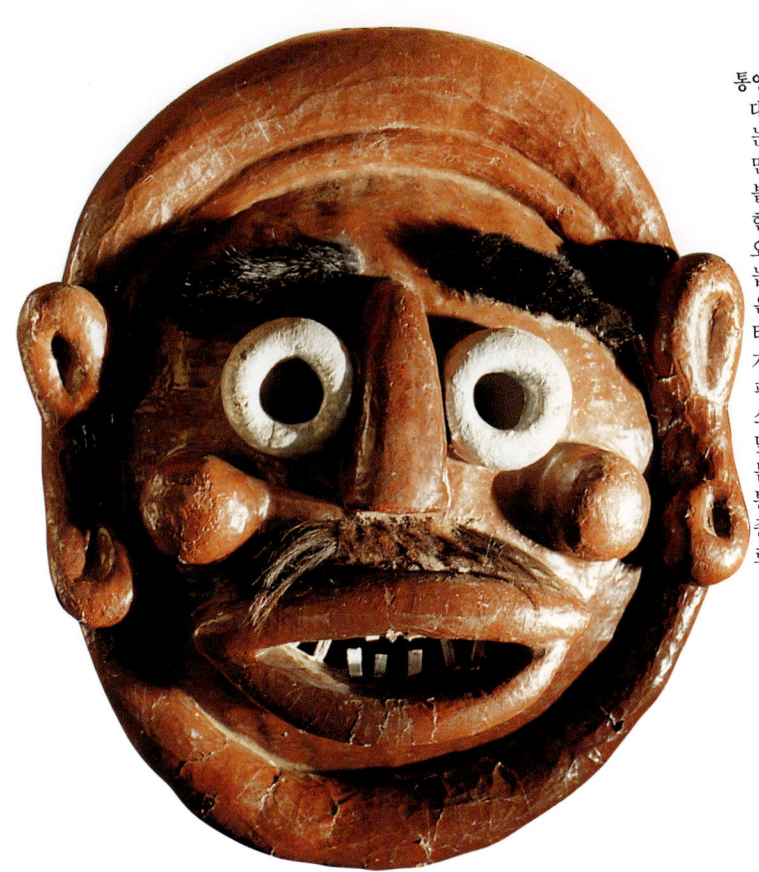

통영오광대의 말뚝이탈
대바구니에 밧줄을 꼬아
눈과 입, 양볼에 혹을
만들고 그 위에 종이를
붙인 뒤 검붉은 채색을
한다. 귀는 대부분 통영
오광대의 탈이 그렇듯이
눕혀 붙인다. 말뚝이탈
은 높이가 40센티미
터, 너비가 37센티미터
가량으로 크기가 큰데,
패랭이를 얹어 탈을
쓰고 나오면 어깨를
덮을 정도여서 탈쓴
몸이 왜소해 보인다.
통영오광대는 1964년
중요무형문화재 제6호
로 지정되었다.

　　동래, 수영, 통영의 말뚝이탈이라든가 봉산탈춤의 노장, 취발이탈
은 어깨를 덮을 정도로 크기가 커서 탈쓴 몸이 왜소해 보일 정도이
다. 이는 그러한 배역 자체에 신체적 정황(physical feeling)을 부여함
으로써 인물 성격의 강렬한 인상을 특성화시키는 효과적인 표현법
이었다. 그러나 현행의 탈은 기술의 미흡함도 미흡함이지만 인물
성격의 부각보다는 탈 자체의 완상적 취미만을 부추기는 면이 없지
않다.

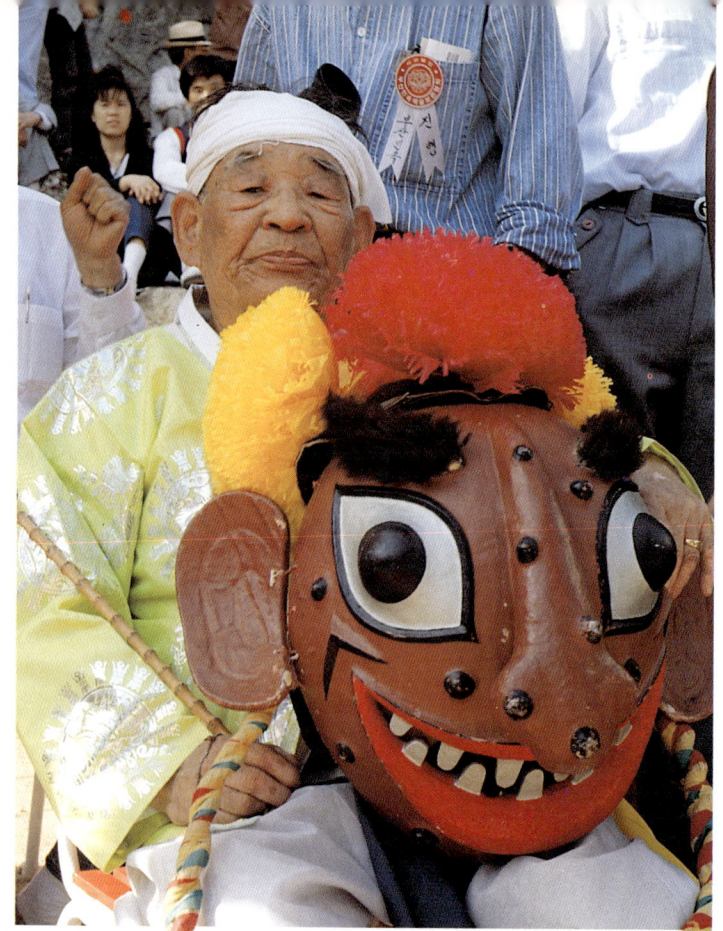

동래들놀음의 말뚝이탈 우리나라의 대표적인 말뚝이탈이다. 동래들놀음은 1967년 중요무형문화재 제18호로 지정되었다.

  무엇보다 우리 탈에서 빼놓을 수 없는 특성은 희화성(戱畫性)이다. 우리의 탈이 중국이나 일본의 것에 비해 깊은 고뇌나 철저함이 없어 유현성, 신비성, 상징성이 덜하다고 아쉬워하나 그런 탈과는 다른 독특한 표현성이 엿보이고 있다.

  오늘날 전해 오고 있는 탈은 사실적인 인물탈이 주류를 이루고 있으나 대개는 유형적 시선 속에서 변형, 과장, 축소, 왜곡이 심해 강렬한 표현성을 띠고 있다. 그러나 이러한 표현성은 '어른 같은 아해' '구수한 큰 맛'처럼 투박하고 소담스럽다. 또한 우리의 탈은 일탈(逸脫)이나 파격을 이루되 그것이 흘러서 넘치지는 않는다. 비대칭적이고 불균형이되 전체적으로 조화 속에 품기어 있다.

얼굴 모양을 보면 원형, 원추형, 역삼각형, 달걀형, 말상 등으로 다양하다. 눈의 모양도 각양 각색이다. 퉁방울 눈, 움푹 들어간 눈, 실눈, 위로 째진 눈, 아래로 처진 눈, 사팔뜨기에 짝짝이 눈 등도 흔하다. 입이나 코의 모양새도 주물러 놓은 듯 선택적 왜곡이 심하다. 게다가 불거진 광대뼈며 주름살, 파리똥, 옴, 혹, 여드름, 점박이, 언청이, 주걱턱에 부러진 이빨 등을 하고 있다.

특히 양반탈이 의도적 왜곡이 심하다. 후대의 양반탈을 보면 전대의 하회탈이나 병산탈에서 보이던 양반의 위엄, 권위, 덕성 등이 사라지고 허세와 비리와 거드름을 날카롭게 왜곡, 폄출(貶出), 찬탈 등으로 풍자하고 있다. 그러나 '너 죽고 나 죽자' 하는 식의 단선적인 공격이 아니라 정면에서 에돌아서 뒤통수를 친다. 그들은 대체로 초라한 행색이어서 맞붙어 싸워 볼 만하게 만만해 보인다. 고의로 비틀어 놓아 장난기가 있는 것이다. 이는 깊은 사회적 통찰 끝에 획득한 민중적 여유요 푸근함이다.

희화되기는 이른바 민중의 탈도 마찬가지다. 모양 좋게만 형상화되어 있지 않다. 할미광대를 보면 지지리 궁상에 추녀이다. 그러나 자신에 대해 여간 늠름하지 않고서는 스스로를 추녀화할 수 없다. 자신의 문제를 거리를 두고 스스로 객관적으로 바라볼 수 있기에 가능한 일이다. 또 천연덕스런 그 몰골에는 약삭빠름도 없지 않아 스스로에 대한 공격적인 대결상도 엿보이고 있다. 변증법적 유화라고나 할까.

우리의 탈에서 비극적인 것이 없다는 것은 낙천적이라기보다는 오히려 서글픈 것에 속한다. 그러나 겉웃음의 희화화 속에는 한, 고통, 눈물, 체념이 숨어 있다.

탈춤 전승의 사회 문화사적 배경

두레패 연희로서 전승

탈춤은 생활 속에서 연희되었다. 생활 속이라 함은 생활의 일부이거나 생활의 연장선상에 놓여 있음을 뜻한다. 연희의 시공간은 바로 생활의 시공간이다. 연희의 장소는 실제 그들 삶의 현장이고 연희의 시간은 바로 삶의 현재인 것이다.

탈춤은 마을을 도는 길놀이부터 시작하여 마당판의 판놀이로 이어지고 뒤풀이로 끝난다. 그러므로 탈춤의 놀이 현장은 마당이라는 원형 무대 공간만으로 국한시킬 수 없고, 생활 현장을 두루 도는 길놀이의 놀이 현장인 마을 곳곳과 마을 사람 개개인의 생활 현장으로 흩어져 노는 뒤풀이의 놀이 현장인 마을 전체를 아울러 생각해야 할 것이다. 들놀음과 같은 것은 마당판의 판놀이보다 오히려 앞놀이로서 길놀이가 더욱 성대하였다는 사실은 눈여겨볼 만하다.

들놀음은 탈판을 정점으로 하여 마을 전체를 연희의 장소로 하고 있다. 연희의 시기는 마을 단위의 축전이 이루어지는 세시(歲時) 곧 명절날이다. 명절이란 생활의 리듬과 매듭을 가져오게 하는 생활의 기술이며 묵은 것을 버리고 새것을 맞이하여 새로운 출발을 다짐하는 생활과 생활 사이의 다리이다. 요컨대 탈춤은 생활의 일부이며 생활이 또한 놀이의 일부가 되는 일치성이 있어서 연희를 한다기보다 그것으로 생활을 한다고 하는 편이 더욱 정확한 말이 된다. 이를테면 생활로서의 연희이며 연희로서의 생활이다. 차라리 연희라는 말은 생활에 있어서 부차적인 의미를 지닌다고까지 할 수 있다. 그들은 삶의 한 과정으로서 연희하였기 때문이다.

탈춤은 생활 현장에서 같은 마을 사람들끼리 모여 살아가듯이 자기네의 실제적인 삶의 모습을 놓고 한데 어울려 논다는 뜻에서 '대동놀이'라는 성격을 분명히 지니고 있다. 공동체 놀이로서 굿판인 것이다.

마을 단위 축전으로서 탈춤은 민중의 공동체적 삶에 깊이 연유되어 있다. 이러한 굿은 인습적인 금기를 깨뜨리며 전도된 가치를 행동으로 성취하려는 반란이 그 주된 뜻으로 되어 있다. 거기에는 공동의 적을 퇴치하고 공동체적 삶을 옹위하여 그 공감대를 일상 생활선상에서 확충하고자 하는 민중의 의지를 담고 있다. 집단 연희로서 탈춤이 살아가는 생활의 꿈의 실현 통로로서 마을굿에 깊이 연관되어 있다는 점과 새로운 삶의 출발을 다짐하는 명절 행사라는 점이 이를 보증한다. 탈춤은 공동체 의식의 공유와 그 실현이라는 배경 아래서 진행되어 왔고 공동의 적을 물리침으로써 강화되는 공동체 의식을 현실적으로 구가하는 뒤풀이로써 끝난다.

생활의 공동체성에서 다져진 공동체 의식이 탈춤에서 관중과 연희자가 무분별하게 일치되는 극작술(dramaturgy)을 낳았다고 보아도 무방할 것이다. 이러한 생활 공동체 의식의 사회적 표현 장치가 바로 '두레' 조직이다. 탈춤이 공동체 의식의 소산이라면 집단 연희로서 탈춤은 두레에서 행해졌을 것이고, 탈춤 연희 집단의 연원이 두레가 될 법하다는 것은 쉽게 상정해 볼 수 있다.

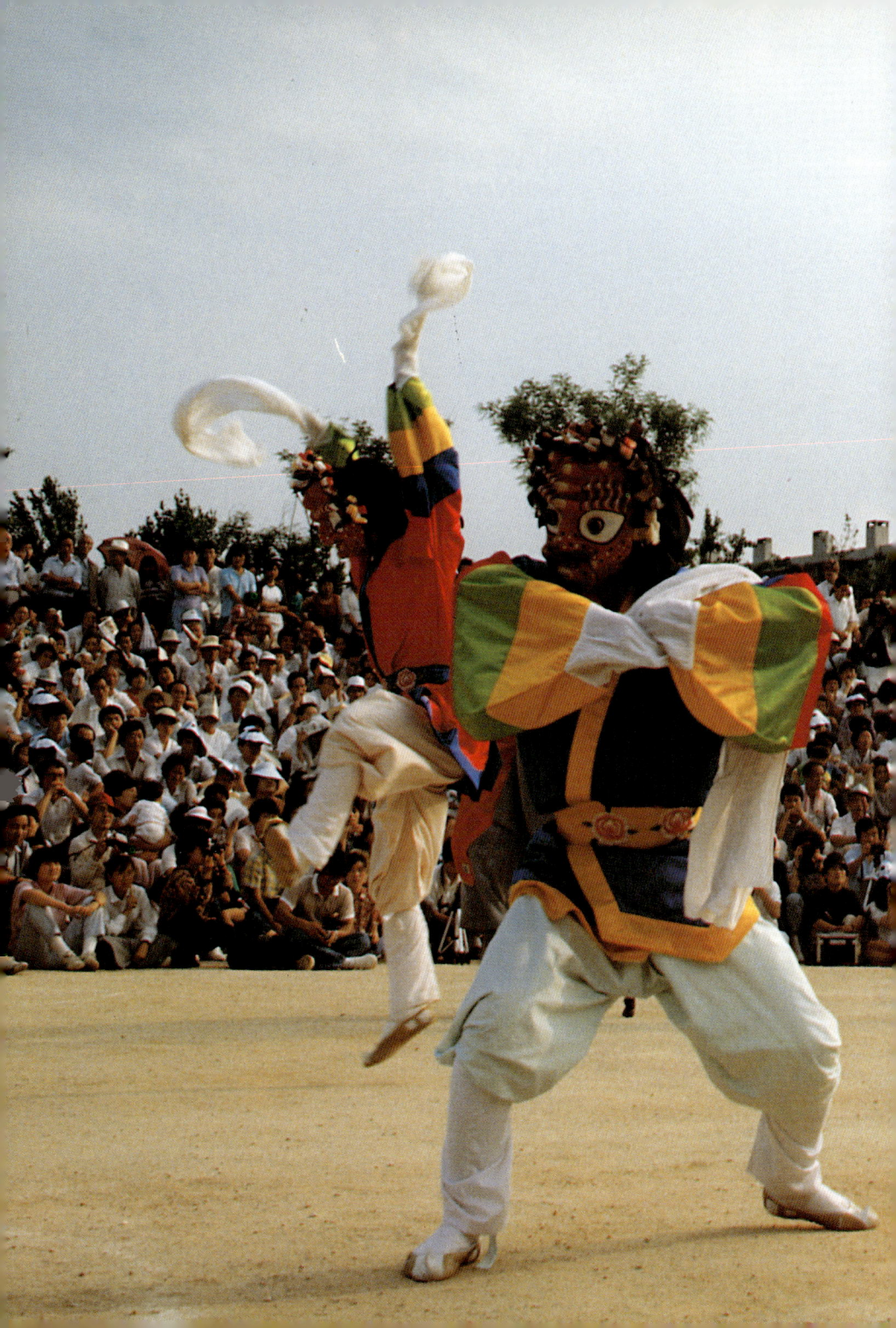

봉산탈춤의 호쾌한 8목중의 뭇동춤 황해도의 탈춤은 동남쪽 평야 지대인 봉산·
사리원·기린·서흥·평산·신계·금천·수안·신원·신막과 북쪽의 황주, 서쪽 평야 지대인
안악·은율·재령·신천·송화·장연 그리고 남쪽 해안 지대인 강령·옹진·연백·해주·송림·
추화·금산 등 황해도 내 농산물, 수공업 생산물의 교역지나 읍, 장터를 망라하여 5
일장이 서는 곳이면 어느 곳이든 놀아졌다. 그 가운데 봉산탈춤은 평야 지대의 대표
적인 탈춤으로 주로 5월 단오놀이가 중심이었다.

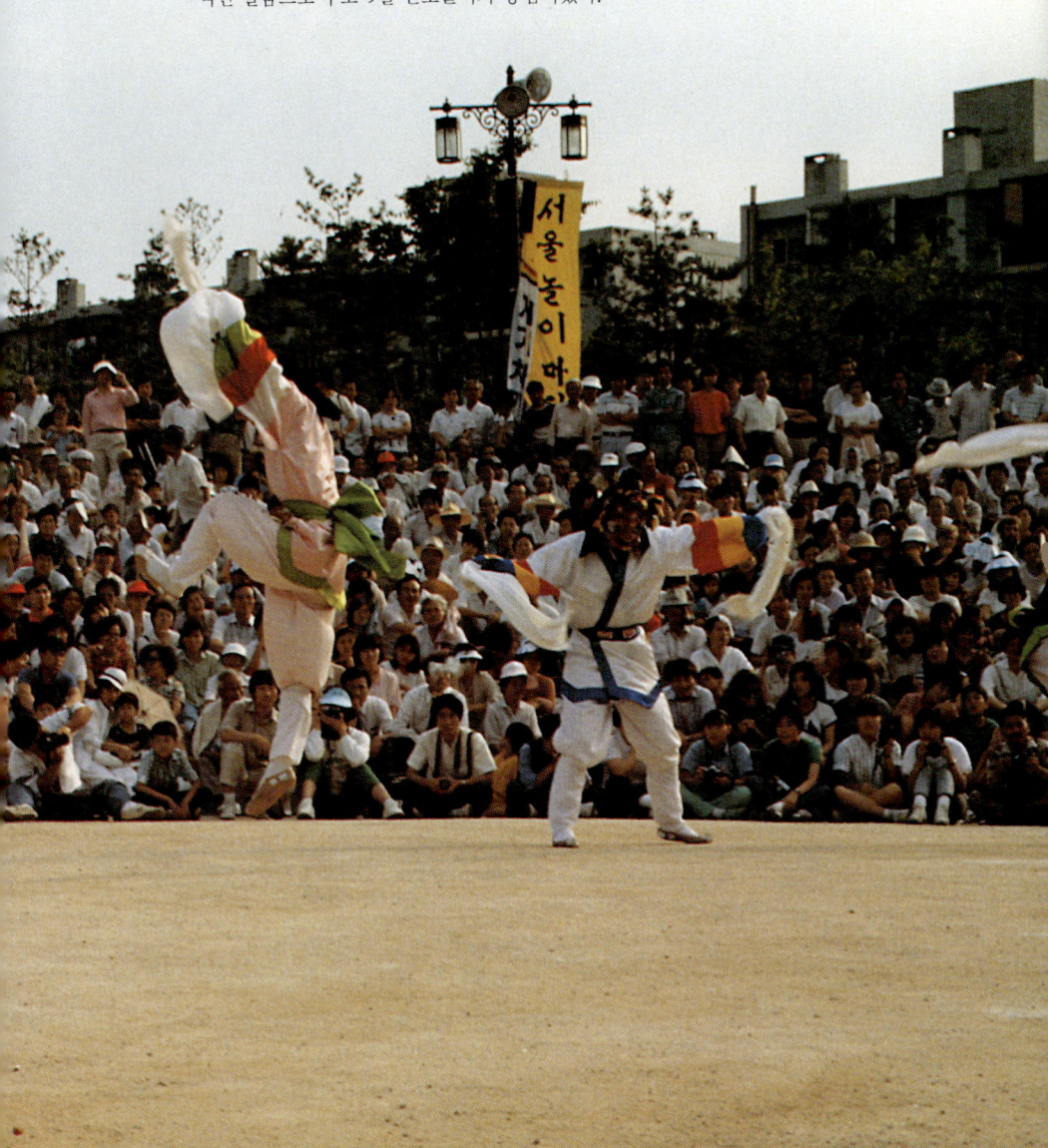

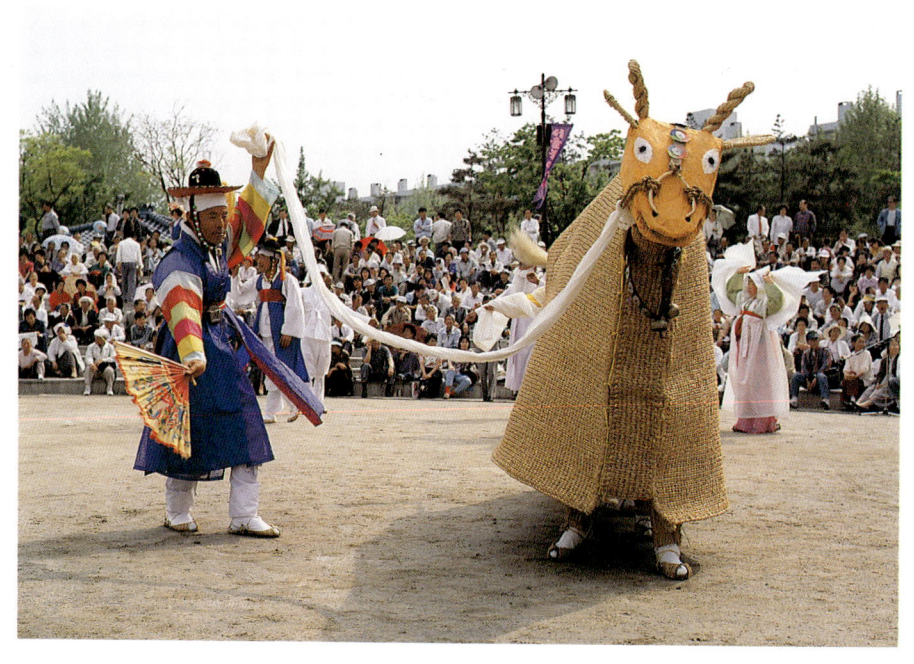

양주소놀이굿 소의 생산력을 통해 풍요 다산을 비는 경사굿의 하나이다. 고무래, 짚, 멍석 등으로 소의 형상을 만들어 마부와 무당이 타령과 덕담을 주고받으며 소를 놀린다. 이러한 농경 의례의 탈놀이는 후대 탈놀이의 원천적인 토대를 이루었다. 이 밖에도 무당이 주재하는 굿 가운데 탈춤과 깊이 연관된 것으로서는 제주도의 영감놀이, 세경놀이, 영등굿놀이, 입춘굿놀이, 동해안 별신굿의 거리굿, 범탈굿 등을 들 수 있다.

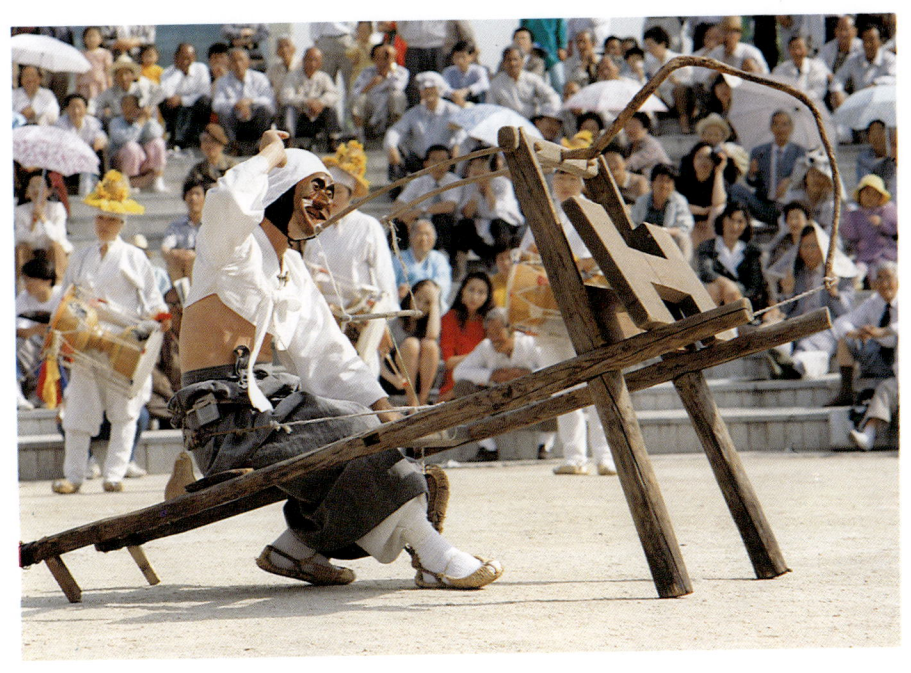

하회별신굿 탈놀이의 살림살이 마당 부네나 각시와 대조를 이루는 할미는 찌든 삶을 베틀에 올려 놓고 신세 타령을 한다. 할미의 지나온 인생 역정을 잘 반영하고 있는 이 대목은 한국 여인상의 한 전형을 보여 준다. 하회별신굿처럼 농촌 공동체나 향촌의 마을굿으로 탈춤의 원초적인 모습을 보이고 있는 것으로는 강릉단오굿, 영양의 주실탈놀이, 봉화의 황목탈놀이 그리고 여러 지역 풍물대의 지신밟기나 잡색놀이를 들 수 있고, 전라도의 안놀음, 비비새놀음, 경상도의 원놀음, 무안용호싸움, 자인 8광대, 함경도의 사자놀음 등도 이와 관련이 깊다.

두레는 계(契)의 시원으로서 고대 사회에서 공동 노동 단체이며 단순 협업을 위한 생산 공동체이자 분배 공동체이고 제사 공동체이자 연희 공동체이다.

오늘날 농촌에서 두레는 공동 품앗이의 형태로 남아 있고, 농촌의 집단 연희에서는 주로 풍물을 가리키는 말로도 쓰이고 있다. 탈춤이 풍물패가 하는 풍농굿에 기원을 두고 있다는 점과 연관지어 탈춤을 두레패의 것으로 보는 한 가지 이유를 여기서도 찾아볼 수 있다. 한편 풍물이나 탈춤의 가장 원초적인 모습을 고대 제천 의식의 군취가무(群聚歌舞)하던 국중 대회(國中大會)에서 찾아볼 수 있다는 사실은 연희 집단으로서 두레의 역사가 얼마나 깊은가를 말해 주기도 한다.

두레의 생활사는 민중 단체 생활사의 주요 내용이 되며 한국 사회 경제사의 전과정, 특히 하부 구조로서 민중의 전생활사를 관류하고 있다. 이는 곧 두레로서 생활사의 기초가 광범위함을 말해 준다.

각 시대에 따라 나타난 계는 두레가 지닌 본질적인 단체 개념을 기초로 한 이질적인 기능의 표현이다. '두레패 연희'로서 탈춤 연희 집단의 역사상(歷史像)은 두레의 역사상과 동일 궤도에 놓여 있다. 요컨대 두레는 원시 공동체 사회에 그 연원을 두며 상고시대를 지나 후대로 내려오면서 각 마을 단위의 공동체로 분화되고, 한편 계로 변모되는데 생산 공동체로서 또는 인적 결합의 공동체로서 그리고 연희 공동체로서 한국 사회 경제사의 전반에 걸쳐 있다.

두레가 각 마을 단위의 작은 집단으로 형성되면서 두레패 연희의 추진 세력도 이와 더불어 개별적으로 형성된 마을 단위의 집단이 되었다. 두레패 연희로서 탈춤이 각 마을 단위의 두레에 의해 추진되면서 탈춤은 저마다 지역적인 특성을 지니게 되었고 어떤 의미에서는 폐쇄적인 면을 띠게도 되었다.

연희의 생산자와 수요자는 같은 두레의 성원으로서 한 마을이라는 동일한 생활권 안에 있다. 또한 그만큼 폐쇄적일 수 있기 때문에 연희 내용은 자족적인 생활 내용일 수 있었고, 자급 자족적인 유통 구조일 수 있었을 것이다. 그것의 폐쇄성은 오히려 공동체성을 순수하게 유지케 하면서 확고히 해주고 있었던 것으로 보인다. 두레패 연희의 생산 및 운반자는 한 마을 단위의 폐쇄적인 두레 조직의 구성원이었으며 일선 생산 담당자들이었다.

농사를 위주로 하는 그들의 노동 생활은 마땅히 연희를 필요로 하였고 그러한 연희를 통해 그들은 반복적인 노동의 굴레에서 벗어나고 아울러 삶의 고통이나 사회적인 억압에서 해방될 수 있었다. 그러나 이들의 연희는 단순히 육체 해방을 즐기는 소비적인 유흥거리일 수가 없었고 한바탕 놀아냄으로써 노동 생산성을 드높이는 재생산의 틀이자 삶의 지혜였다. 이러한 연희에는 그들의 육체 노동 생산의 모습이 그대로 담겨지기 마련인데 그들은 재현된 자신의 삶을 연희함으로써 이를 통해 현실을 인식하고 확인하였고 나아가 좀더 나은 삶을 기약하는 계기로 삼았다. 한마디로 그들의 연희는 '몸으로 때운다'라는 육체 노동 생활의 산물이며 노동을 통한 사물 인식이라는 육체적 사고의 표현물이었다.

아울러 풍농을 비는 그들의 연희는 풍농을 저해하는 적을 공격함으로써 행사될 수 있는 것이어서 하나의 투쟁 방식이기도 하였다. 이러한 연희의 내용은 개인의 관심사일 수만은 없고, 한 마을에서 엇비슷하게 살아가는 이들의 공동 관심사인 것이며 공통된 생활 의식을 바탕으로 한 공유의 것일 수밖에 없다. 연희만 두고 보더라도 이는 개인의 창작물이 아니며 개인으로서는 아무 것도 행사될 수 없는 집단 창작물이며 집단적 예술 체험인 것이다.

탈춤은 이러한 두레패 연희이고, 두레라는 생활 공동체의 삶 속에서 생산되고 운반되었다.

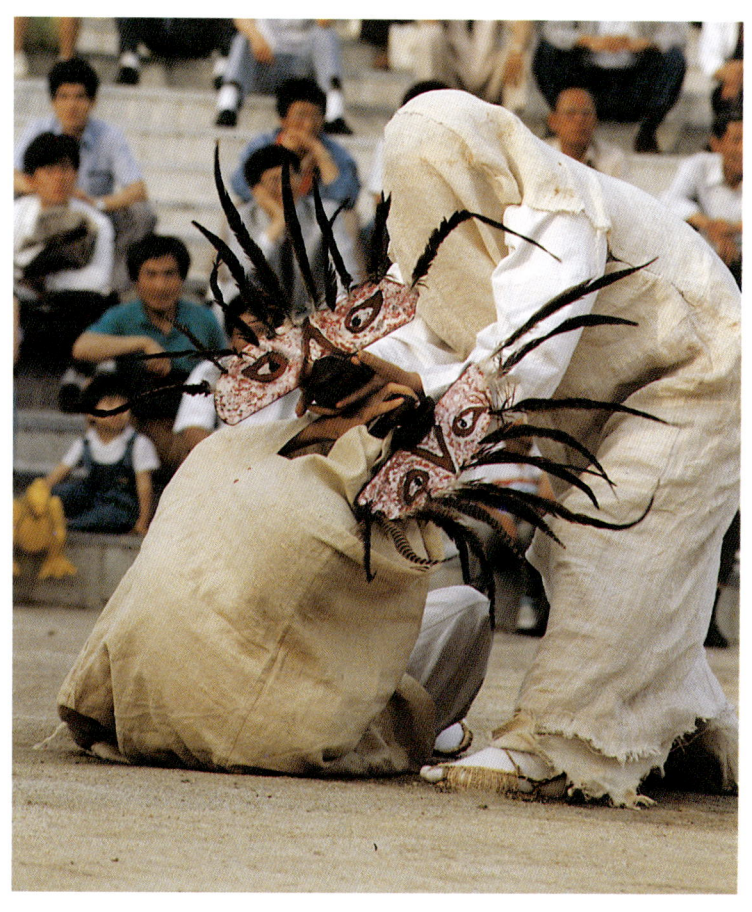

하회별신굿 탈놀이의 주지탈 주지는 사지라고도 하며 호랑이를 잡아먹는 무서운 가상
적인 동물이다. 주지춤은 벽사 진경의 의식춤으로 놀이판을 정화하면서 판열음을
한다. 도시 성향의 탈춤에 나오는 영노나 비비새는 주지에 비해 한결 현실적인 극적
의미를 담고 있다.

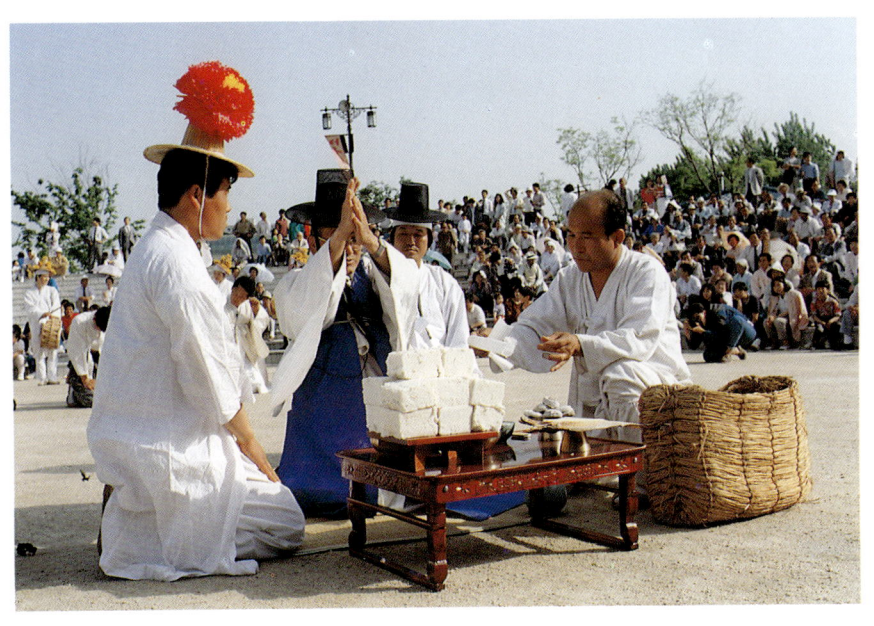

하회별신굿 탈놀이의 강신 마당 탈춤의 형성 분파는 크게 세 줄기로 잡을 수 있다. 첫째는 궁중 연희나 상층 문화를 토대로 한 산대도감극 계통의 것, 둘째는 농어촌을 기반으로 한 향토형 탈놀음, 셋째는 유랑 연희 집단의 탈춤이 그것이다. 이들 세 줄기 는 서로 밀접한 연관성을 맺고 있으나 현재 전해 오는 대부분의 탈춤은 지역 토착적 인 선행 예능을 기초로 하여 문화 전파상 전문 예인의 것이 혼용, 적층된 것으로 보인 다.

도시 성향의 탈춤 대두

18세기 이후 도시의 대두와 더불어 근대적인 초기 자본주의 사회로 서서히 이행되면서부터 민중 예술의 전반적인 발전 추세와 병행하여 탈춤도 그 모습을 달리하게 된다.

탈춤의 변천은 바로 농촌 공동체인 두레의 변천과 양상을 같이한다. 두레는 사회적인 생산 구조의 변천과 함께 두 가지 방향으로 나아가게 되었다. 한편으로는 공동 조직으로서 그 자체 인적 결합을 강화하면서 지속되었고, 다른 한편으로는 공동체 내부의 분업 또는 공동체와 공동체간의 간격에서 상품 경제가 발생하여 공동체를 약화시키면서 한편으로는 넓은 범위로 사회를 확대시켜 마지막에는 공동체 조직의 변혁을 자초하기에 이르게 된 것이다.

탈춤에 있어서도 농촌 중심의 폐쇄적인 집단 구조의 탈춤과 도시 중심의 개방적인 집단 구조의 탈춤이라는 이중 구조가 공존하게 되었다. 그러나 앞의 것은 사회 경제 구조가 바뀜에 따라 급격히 뒤의 것으로 이행하였고, 그렇지 않은 경우에는 점차 퇴행하여 소멸되기에 이르렀다. 근대 사회로 넘어오면서 탈춤이 성행하였던 곳을 보면 대개가 상업이나 교역의 중심지이거나 교통의 요지 또는 군사나 행정의 중심지 들이었고 어떤 곳은 그 몇 가지 성격이 복합돼 있던 곳이다.

탈춤의 연회 집단이 개방적인 형태를 취하게 되면서부터는 새로운 '예술 동반층'으로서 상인이나 이속(吏屬) 그리고 몰락 양반층 등이 대두하게 된다. 농촌 공동체의 탈춤이 도시 성향의 탈춤으로 이행하면서 그 주도층마저 달라져 가는 모습을 보이는 것이다.

탈춤의 주도층 또는 후원층으로 상인이나 이속이라는 새로운 계급이 등장하면서 탈춤은 새로운 단계에 들어선다. 탈춤 주도층의 생활 이념에 합당한 내용과 형식으로 바뀌게 되는 것이다.

예를 들어 도시 성향의 탈춤을 보면 취발이와 말뚝이라는 인물이 나와서 극의 중심 세력이 되어 이들이 서로 합작하기도 하면서 탈춤의 흐름을 주도한다. 이들은 상인이나 이속 계급을 전형화한 대표적인 인물들이다. 재력을 가진 상인 계급의 출현이나 약간의 실권을 가진 이속 계급의 참여로써 농촌 공동체의 탈춤은 좀더 근대적인 것으로 탈바꿈하는 것이다. 폐쇄 공간을 벗어나 폭넓게 현실적으로 살아가면서 정치적, 사회적, 경제적 감각에 민감했던 상인이나 이속 그리고 몰락 양반층이 그들의 근대적인 이념이나 생활 경험을 새로운 예술 욕구로써 표현하게 되면서 탈춤은 민중 의식의 성장된 모습을 여실히 보여 준다.

　탈춤이 농촌 공동체에서 도시 성향의 것으로 이행하면서 그 표현 이념인 근대적인 현실주의로 민중 의식이 한결 확대, 심화되었다. 농촌 공동체의 탈춤은 양반의 허위 허식을 폭로하는 데 그치지만 도시 성향의 탈춤은 말뚝이를 내세워 민중 의식을 고취하는 연극이다. 그러므로 하회별신굿에 나오는 초랭이나 이매가 봉산이나 양주의 말뚝이로 변했다는 것은 농촌 공동체의 탈춤에서 도시 성향의 탈춤으로 발전한 것이 얼마나 큰 의의를 지니는가를 분명하게 말해 주는 것이다.

　양반에 대한 풍자가 말뚝이라는 민중적 항거의 전형을 통해 진행되는 것도 성장된 민중 의식의 반영이다.……그러니 말뚝이로써 집약되는 민중의 활력을 개방하기 위해서 이를 억압하는 봉건적 특권은 철폐되어야 한다는 주장을 탈춤은 고취하고 있다.……탈춤은 봉건적 특권이 더 이상 유지되기 어려운 형편에 처했음을 말하고 민중의 해방이 임박했음을 나타낸다.(조동일 「탈춤의 역사와 원리」 중에서)

민중 의식의 성장과 더불어 연희의 방식에 있어서도 달라진 모습을 보이게 된다. 예를 든다면 직업적 흥행 단체로서 조직이 새로이 생기기도 하고 공연의 시기도 명절날만이 아니라 편리한 대로 선택되었으며, 오락적인 흥행물이 되면서부터 탈과 의상이 화려해지게 된 것 등이다. 표현 양식에 있어서도 춤이 정교해졌고 반주 음악도 전문성을 띠게 되어 전반적으로 한결 정제되고 세련된 기법을 구사하게 되었다. 그리고 의욕적이고 유력한 상인이나 이속들은 토착 탈춤을 순회 공연물화하기도 하였다. 탈춤의 명연희자를 농촌에서 차출해 내기도 하고 재능있는 한량을 모아 합숙 훈련을 시켜 전문적인 공연 집단을 만들게 되면서부터는 농촌 중심의 두레에서 행하여지던 탈춤은 더욱 상향의 방향을 취하는 계기가 되었고, 연희 자체의 폐쇄적인 유통 구조가 한층 더 개방적인 유통 구조를 가지게 되었다.

　　한마디로 상인이나 이속 그리고 몰락 양반층 등 새로운 예술 동반층의 대두와 참여로 탈춤은 전근대적인 것에서 일대 변혁을 겪게 되었다. 그러나 그들이 탈춤을 범사회화하고 예술성을 높이는 데에 결정적인 역할을 담당하였음에도 불구하고 그들의 이익을 추구하는 통로로써 탈춤을 활용하기도 하였기에, 탈춤의 표현 이념이 굴절되거나 배반된 것으로 나타나기도 하여 비민중적인 요인이 개입될 수 있는 소지를 남긴 것도 부인하기 어려울 것이다. 토착 탈춤의 순회 공연, 상업 행위를 위한 보조 수단의 공연, 관(官) 행사의 적극 참여 등 공연 기회의 변화된 계기에 의해 탈춤의 이념이 연희 상황에 따라 달라지게 됨은 당연한 것일지도 모른다. 상황에 적절히 적응하면서 숨은 뜻을 이룬다는 전술적인 측면에서 그렇다. 이와 연관하여 생각해 볼 것은 '사당패 연희'의 대두이며 또한 도시 성향의 탈춤이 유랑 예인 집단인 사당패 연희의 경향을 띠게 되는 경위이다.

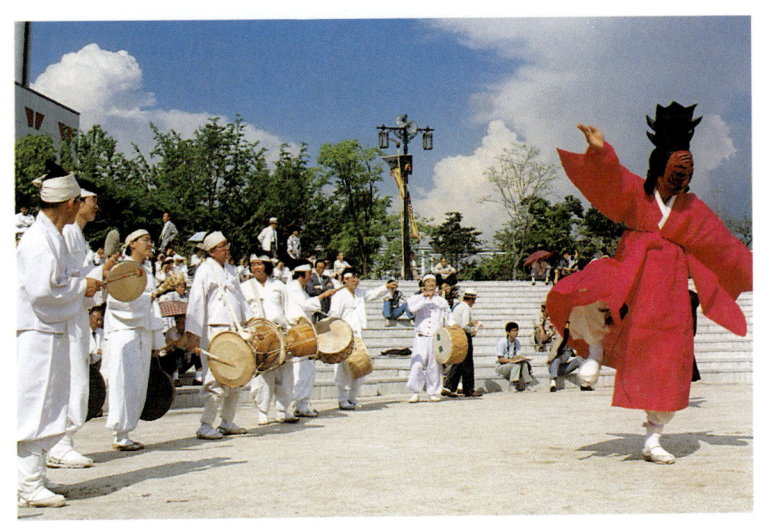

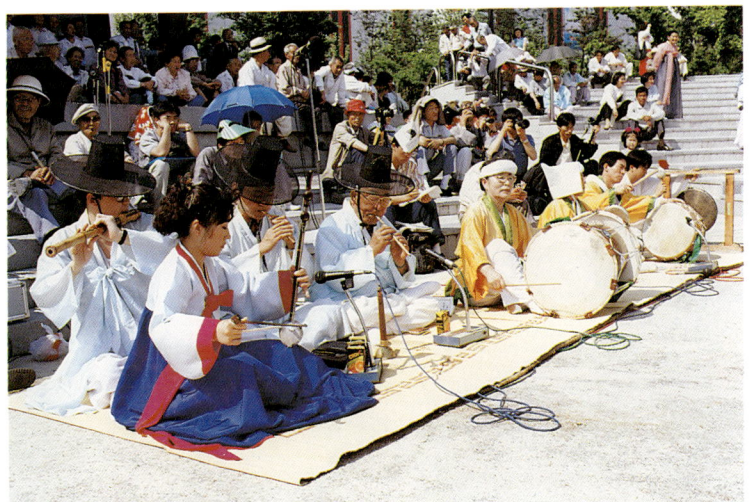

고성오광대의 악사와 남방 적제 양반(맨 위)

　해서 탈춤의 악사　경기도의 산대놀이나 황해도 탈춤의 반주 음악은 피리 2, 젓대,
　해금, 북, 장고를 잡힌 3현 6각의 선율 음악을 연주하는데 전문성을 띤다. 특히 강령
　탈춤은 인근의 재인말 악사들이 동원되기도 하였다. 들놀음이나 오광대는 대체로
　풍물 가락에 구음이나 태평소가 곁들여진 굿거리나 덧배기 장단으로 질박한 음악을
　연주한다.(위)

사당패 연희는 그들의 연예를 요구하는 곳이라면 어디든 찾아갔고, 그들 스스로 찾아나서기도 하여 두레패 연희가 아직 생성되지 않은 곳에서는 그 발생을 촉구하기도 하고, 각 마을 단위의 폐쇄적인 두레패의 연희 현장에도 동원되어 영향이나 자극을 서로 주고받기도 하였을 것이다. 또한 폐쇄적인 두레패 연희 사이에 다리 역할도 하여 두레패 연희 사이의 상호 영향을 조장하기도 하였을 것 등은 긍정적인 면일 것이다. 반면에 농촌에서 명연희자의 차출 및 유랑 예인화, 농촌에서 탈춤의 도시 지향성 등을 조장하여 농촌 공동체의 탈춤을 공백화한 것은 부정적인 측면이 될 것이다. 요컨대 상인이나 이속이 중심이 된 도시의 탈춤이 융성하면 할수록 도시 성향의 탈춤이 지니는 부정적인 면 또한 커지기 마련이어서, 농촌에서 탈춤이 자체 성장하는 데에는 상대적으로 압박 요인이 더욱 덧붙여지게 되었다.

북청사자놀이의 악사 '애원성'이라는 독특한 선율과 음색의 퉁소 가락을 단순, 간결한 북장단에 맞춘다. 퉁소는 굵은 대나무로 만드는데 길이가 66센티미터쯤 된다.

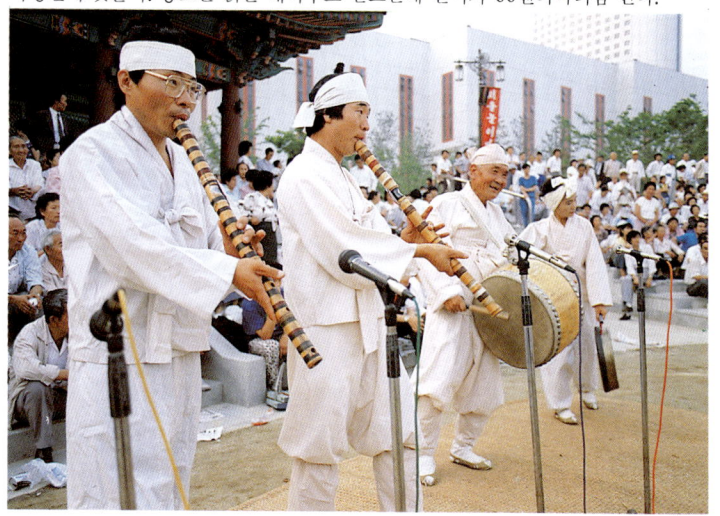

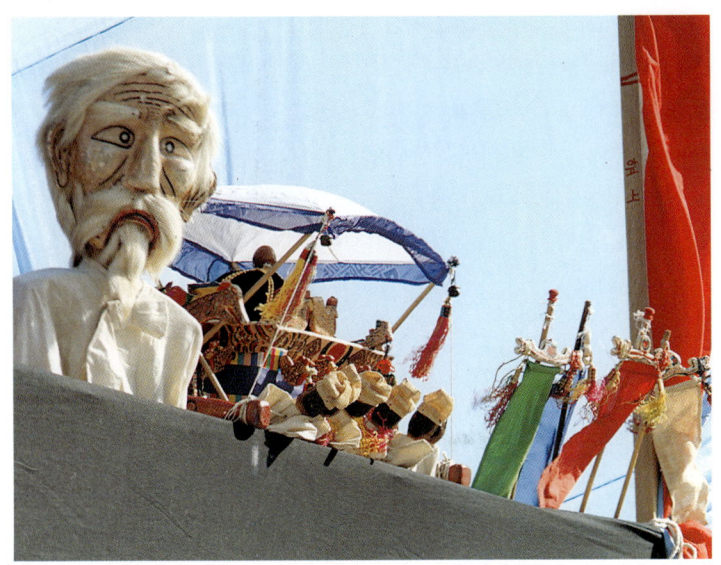

남사당 꼭두각시놀음의 박첨지와 평양 감사 상여　남색 집단이었던 남사당은 오늘날
남아 있는 거의 유일한 유랑 예인 집단이다. 이들의 주요 공연 종목은 풍물, 버나
(접시돌리기), 살판(땅재주), 어름(줄타기), 덧뵈기(탈춤) 그리고 덜미(꼭두각시
놀음) 등이 있다. 직업적인 전문 연희패로는 이들말고도 사당패, 대광대패, 중매구
패, 초란이패, 솟대장이패, 굿중패 등이 있어 각 지역 탈춤을 비롯한 민중 연희의
전파, 교류에 큰 몫을 하였다.

　　탈춤이 이와 같은 방향으로 나아가게 되면서부터는 폐쇄적이고
조금은 보수적인 공동체 사회에서 탈춤의 원래 주인이자 일선 생산
담당층이었던 농민층으로부터 그것을 결별시키는 계기가 되기도
하였다. 이는 사회 구조의 변천에 따른 당연한 귀결이기도 하지만
그나마 잔존해 오던 농촌에서의 탈춤을 쇠퇴시키거나 소멸시키는
데에 새로운 계층의 참여 자체가 적잖은 역할을 한 것은 부인할
수 없을 것이다. 또한 도시의 탈춤 그 자체에서도 전문화되고 특히
상업성을 강하게 띠면서부터는 출연자의 구성에 있어서도 제한을
두게 되었다. 따라서 연희 집단의 개방성 문제에서 볼 때는 오히려

폐쇄성을 지니게 되었다고 볼 수 있다.

예를 든다면 특히 봉산탈춤의 경우 "연기자는 서로 친밀하게 우의도 두텁고 평등하다고 하나 상좌는 흔히 통인이 되고 노장, 취발이, 첫목의 역은 이속 가운데에서도 유력한 자가 맡게 되고 이 놀이의 주재자가 되므로 그들 사이에도 어느 정도의 계층이 있게 되는 것"이라든가 "세습되어 온 지방 이속이 대대로 놀아왔고 상민이 끼려면 돈을 내야 했다"는 등의 구전 자료가 이를 잘 말해준다.

개방적 민중성

여기서 다시 한번 생각해 볼 것은 농촌 공동체의 탈춤이 쇠퇴해 간 이유이다. 농촌에서 도시로 탈춤이 이행하였다는 사실이 인정된다고 하더라도 그 자체를 곧 발전이라고 볼 수는 없다. 농촌 사회가 자주적인 기반 위에서 정상적인 변모를 겪지 못하고 적지 않게 불균형적으로 퇴행한 면을 보이는 것은 농촌 자체가 지닌 전(前)시대적인 전근대성 때문만은 아닐 것이다. 똑같은 이유로 농촌에서 탈춤이 자생적인 전승을 보이지 못하고 쇠퇴 일로를 겪어 오늘에 이르러서는(훨씬 이전에 이미 그렇게 되었겠지만) 뒷모습조차 거의 찾아볼 수 없게 된 것도 사회 구조의 정상적인 변천 단계에 있어서 필연성 때문이라고만 볼 수는 없다. 곧 농촌 사회가 균형적이고 정상적으로 자체 발전할 수 있는 사회 경제적 조건을 박탈당하고, 농촌에서 탈춤 담당층이 공동체 의식과 그들의 문화 창조 전승력을 의도적으로 파괴당할 수밖에 없도록 재촉한 정치적, 사회 경제적, 문화적, 역사적 불건강성 또는 비정상적인 것이 더욱 크게 작용하고 있음을 강조해야 할 것이다.

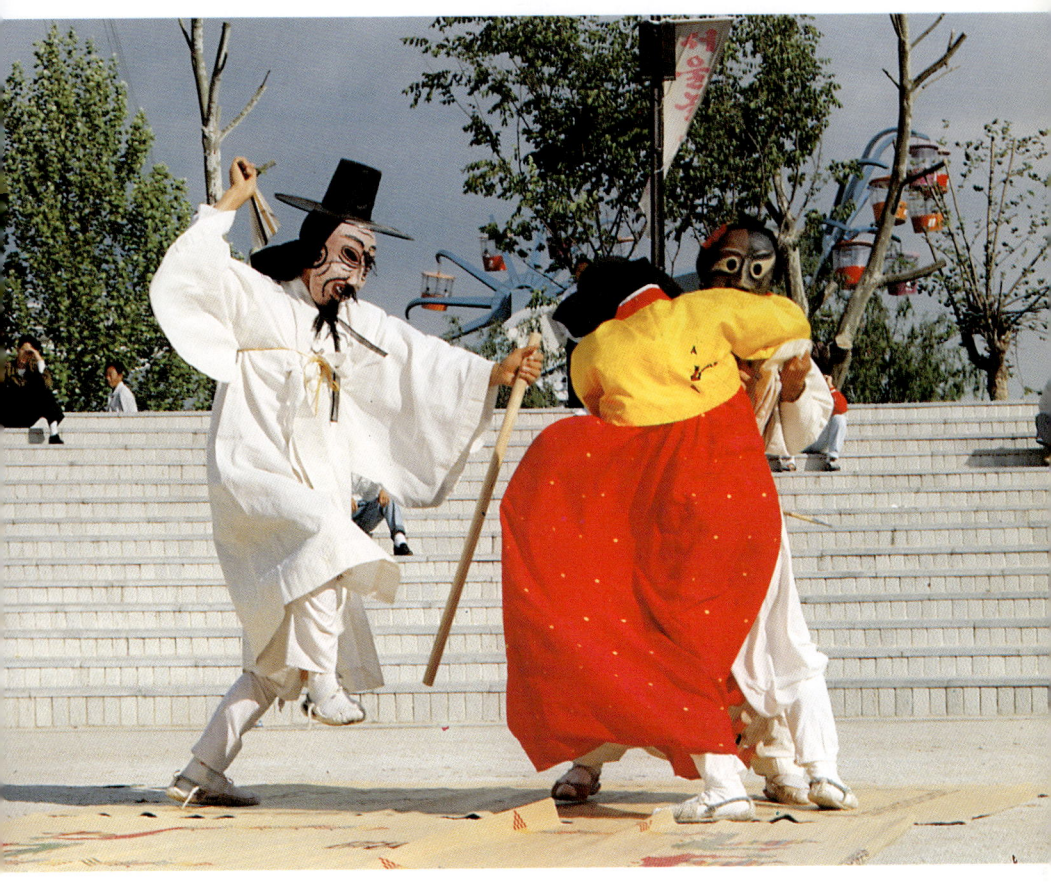

고성오광대의 제밀주 마당 본처인 할미가 영감의 첩인 제밀주가 낳은 아이를 두고 다투면 영감이 제밀주 편을 들면서 뜯어 말린다. 고성오광대는 고성 전래의 지신밟기 와 용왕제를 바탕으로 해서 초계 밤마리 장터의 대광대패 탈놀이를 수용하였다. 향토 적인 세시 풍속과 깊은 관련을 맺으며 탈춤이 전승 발전된 점은 다른 지역의 들놀음 이나 오광대도 다 마찬가지이다. 예를 들어 통영 매구굿, 지신밟기와 통영오광대, 가산천룡제(天龍祭)와 가산오광대, 동래나 수영의 지신밟기와 동래들놀음, 수영들놀 음이 그러하다.

"농촌 탈춤은 여러 가지 제약 조건 때문에 발전에 한계가 있다. 양반에게 예속된 농민은 양반이 허용해 주는 범위 안에서 표현의 자유를 누려야 하고 마을굿을 떠나서는 연극을 공연할 수 없으며, 연극을 발전시키는 데 필요한 경제적 능력도 갖기 어렵다" 또는 "농촌 탈춤은 도시 탈춤에 비해 소규모의 것이고 사회적 기반도 약했기 때문에 식민지적 근대 문화와 부딪히자 쉽게 위축되고, 일제의 탄압을 거치면서 대부분 전승이 중단되고 말았다"는 지적은 농촌 공동체의 탈춤 스스로가 안고 있는 한계 때문에 자체 쇠퇴 요인을 이루고 있다는 뜻으로 일면 타당하다. 하지만 자칫 농촌 공동체의 끈질긴 문화 전승력이나 농민 스스로의 잠재적 문화 능력을 인정하지 않게 되는 오류를 범하기 쉽다고 하겠다. 그러나 한편 같은 두레패 연희로서 풍물이 비록 퇴행의 길을 걷고 있고 농민의 실제 삶 속에서 멀어지고 있긴 하나 아직도 건재하고 있는 것과 비교해 볼 때, 유독 탈춤만이 농촌에서 거의 소멸되어 버린 이유는 또 다른 측면에서도 찾아야 할 것 같다. 탈춤이 마을 풍물의 잡색놀이에서도 연유된 것임을 인정한다면, 비록 현실 적응력을 많이 잃긴 하였으나 잔존한 모습의 잡색놀이에서라도 새로이 출발하여 농촌의 탈춤이 생성되어 있어야 마땅한 것이다.

탈춤의 발전에 관한 문제를 논의하려고 할 때에는 도시에서 탈춤의 발전 문제와 함께 농촌에서 탈춤의 발전 또는 퇴행 문제가 함께 거론되어야 할 것이다. 엄밀하게 말한다면, 두레패 연희로서 농촌의 탈춤이 농촌 그 자체에서도 농민에 의해 공동체 의식 또는 민중의식을 바탕으로 하여 생활적 예술 체험의 반영으로서 성장된 내용 구성과 표현 형식으로 연희될 때에야 발전이라는 용어는 좀더 본원적인 의미를 지니는 것으로 여겨진다. 이러한 관점에서 본다면 굿에서 연극으로의 이행을 꼭 발전이라고만 할 수 있는가 하는 문제마저 제기된다.

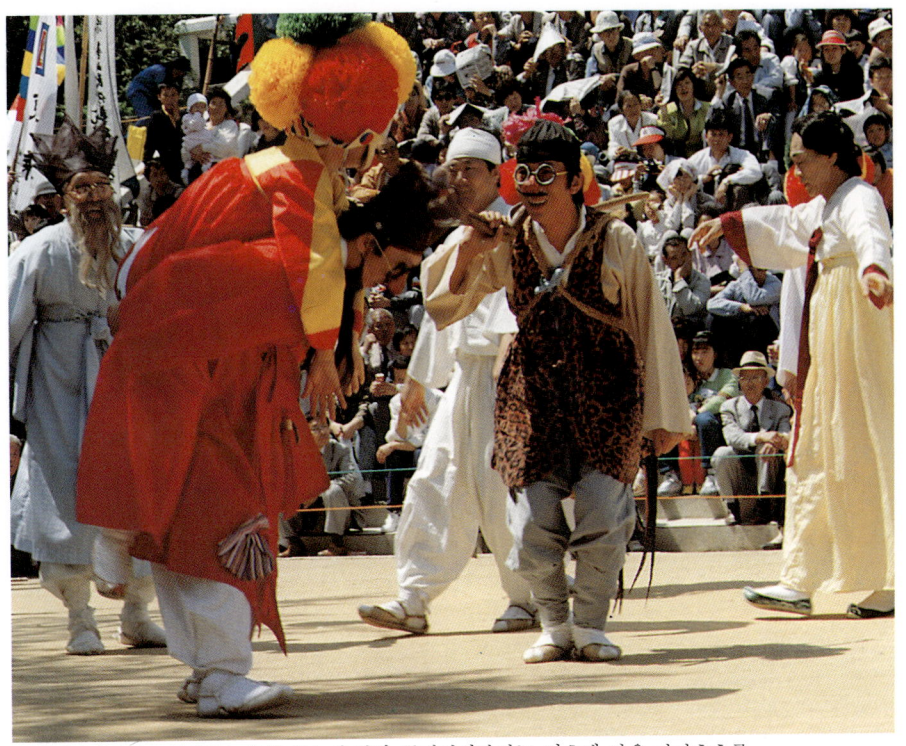

동래지신밟기 동래들놀음의 앞놀이 격인 동래지신밟기는 정초에 마을 가가호호를 돌면서 축원과 걸립을 목적으로 놀았던 마을굿이다. 이러한 지신밟기는 풍물대가 있는 곳이면 어디서나 놀았지만 동래의 것은 배역도 다양하고 화려한 규모이다.

    탈춤의 사회 문화적 배경과 사회성 문제에 대한 관점에서만 본다
면, 탈춤은 마을굿이 원초적으로 지니고 있는 공동체 의식을 강화하
고 이를 바탕으로 해서 공동적인 현실 인식을 통한 인간 관계의

새로운 질서 형성으로 나아가는 사회적 살풀이로서 축전(祝典)의 기능을 잃지 않고 이를 보다 더 확충, 심화시키는 방향일 때 예술성 또한 확보되는 것이다. 또한 개인적이고 폐쇄적인 부류의 것으로 나아가지 않고 폭넓은 민중의 기반 위에서 민중 스스로의 예술로 나아갈 때 발전에 대한 논의는 본궤도에 오를 수 있을 것이다. 탈춤에서 발전이란 예술성과 사회성의 동시 진행이며 통합이다. 특히 사회성의 입장에서 볼 때 발전이란 민중적 문화를 민중 자신이 누리는 포괄적인 민중성의 지향이다.

18세기 이후 근대 사회로 옮겨오는 과정에서 탈춤 변천의 이원성 곧 농촌에서 탈춤과 도시에서 탈춤은 이러한 포괄적인 민중성이라는 인식점을 가질 때 탈춤의 변천사는 일관된 관점에서 통일적으로 파악될 수 있는 길이 열린다. 도시의 탈춤은 농촌 공동체의 탈춤을 토대로 계승한 것이다. 그리고 농촌에서나 도시에서나 탈춤은 민중을 주요 대상으로 한 것이며 여러 계층의 민중의 의사 전반을 포괄적으로 반영하고 여러 가지 예술적 욕구를 함께 충족시켜 주지 않으면 안 되었다. 상인이나 이속 그리고 식자층의 참여가 탈춤의 역사에서 긍정적인 영향과 부정적인 영향을 동시에 끼치게 된 것도 이러한 민중성 전반이라는 조명 아래에서 고찰될 때 통일적으로 파악될 수 있다.

도시에서나 농촌에서나 탈춤이 각기 그 대상을 고수하면서도 일면 상호 교류하며 확대해 나갔다는 의미에서 개방적인 민중성을 획득하고 있다고 말할 수 있다. 여기서 개방적인 민중성이라는 말은 당시의 순수 민중이라고 할 수 있는 농어민 계층에 도시의 상인이나 이속 그리고 산업 노동 계층 및 서비스업 종사자들과 거기에 일반 식자층까지 합류하여 탈춤에 관여하고 있는 민중 구성원의 폭이 넓어졌다는 것을 뜻한다.

공동체 의식의 분화

18세기 이후 새로이 생성, 변화된 두레(여기서는 계조직이라는 말이 적합하리라고 생각되지만)는 농촌의 두레와 더불어 두레의 변천사에 있어서는 이중적 구조를 갖게 한 요인이 된 것으로 보인다. 그러나 공동 조직으로서 단체성은 끝내 유지되는 것이어서 사회 분업의 발전이라는 점에서는 통일적으로 파악케 하는 점이 있다.

사회 경제적 구조의 하부에 있는 공동체가 인적 구속력으로서 결합의 강화라는 면을 지속시키면서 토지에 대한 관계 이상으로 인적 결합의 성격을 확고히 지니고 있는 점은 도시 성향의 탈춤이 대부분인 현전 탈춤에 있어서도 두루 살펴볼 수가 있다. 이를테면 지역적 분파성으로서 인적 결합의 면과 연희 집단의 계조직으로서 인적 결합의 면을 보이고 있기에 비록 폐쇄적이나마 단체 개념 속의 공동체 의식은 탈춤의 핵심 요체로서 여전히 작용하고 있다.

오늘날 탈춤의 명칭에서도 볼 수 있듯이 봉산이라든가 양주라든가 수영이라든가 고성 등 지역 단위로 각기 다른 연희적 특색을 보이고 있고, 그 지역 단위의 사람들끼리 조직화되어 기획하고 공연한다. 탈춤 연희 조직으로 대표적인 것을 꼽는다면, 의흥계(義興契)→난사계(蘭社契)→춘흥계(春興契)로 이어지는 통영오광대의 계조직과 기영회(耆英會)→신흥계(信興契)→망순계(望筍契)→남우회(南友會)로 이어지는 동래들놀음의 계조직을 들 수 있다. 다른 지역의 연행 집단도 이와 비슷한 계조직으로 구성되어 있었다. 오늘날 탈춤의 연행 집단은 흔히 보존 협회라는 명칭으로 조직화되어 있다. 이러한 단체 개념으로서 공동체 의식이 분화되어 가는 과정은 탈춤에 관여하는 민중층이 다양하게 분화되어 가는 과정과 일치되며, 이는 연희자와 관중의 관계뿐만 아니라 탈춤의 구조적 특징을 밝히는 데에도 중요한 관건이 된다.

생활 방편이 공동적일 수 없게 되면서 분업화되기 시작하고 분업화되는 과정 속에서 공동체 의식은 분화된다. 탈춤에서는 연희자와 관중이 분리되기 시작하고 연희의 주도자와 종속자 사이에 층이 생기기 시작한다. 이를테면 기획자와 연출자 그리고 출연자와 뒷일꾼 등이 각기 다른 일을 맡게 된다. 이러한 예는 특히 후대의 탈춤

은율탈춤의 사자춤 마당 마당판씻이로 등장하는 사자춤은 벽사 진경의 뜻을 담아 판열음을 한다. 은율탈춤의 사자는 장정 세 사람이 들어갈 정도로 크다. 은율은 구월산 아래 있는 소읍으로서 농산물 집산지이며 비교적 물산이 풍부하여 예부터 '놀탈'이 센 곳이라 하였다. 이속이 주도한 다른 탈춤과는 달리 놀이꾼은 주로 토박이로서 생업은 농업이었고 읍내 한량인 반농반예인이 주축을 이루었다. 은율탈춤은 1978년 중요무형문화재 제61호로 지정되었다.

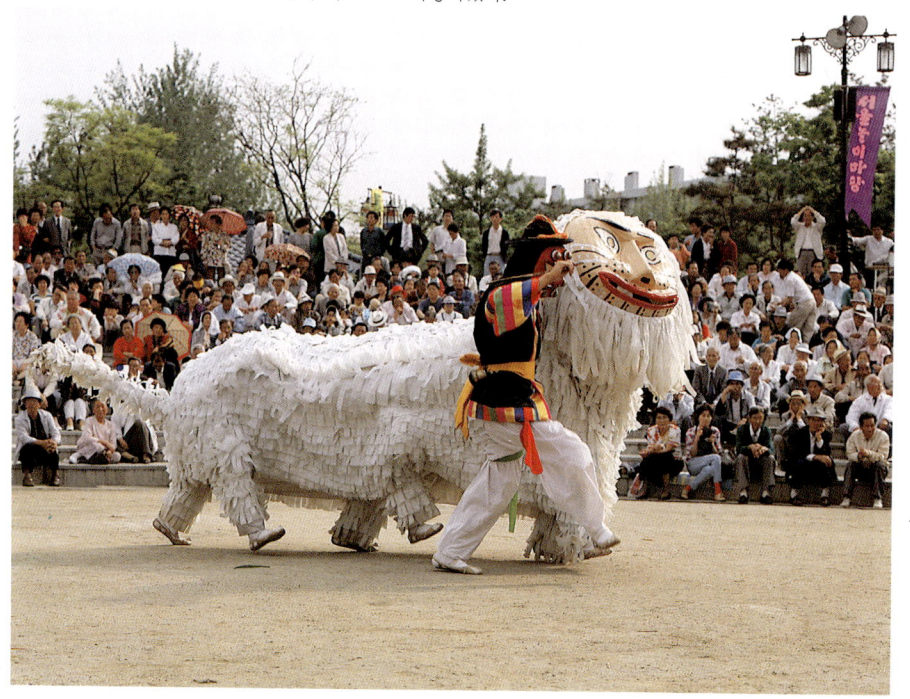

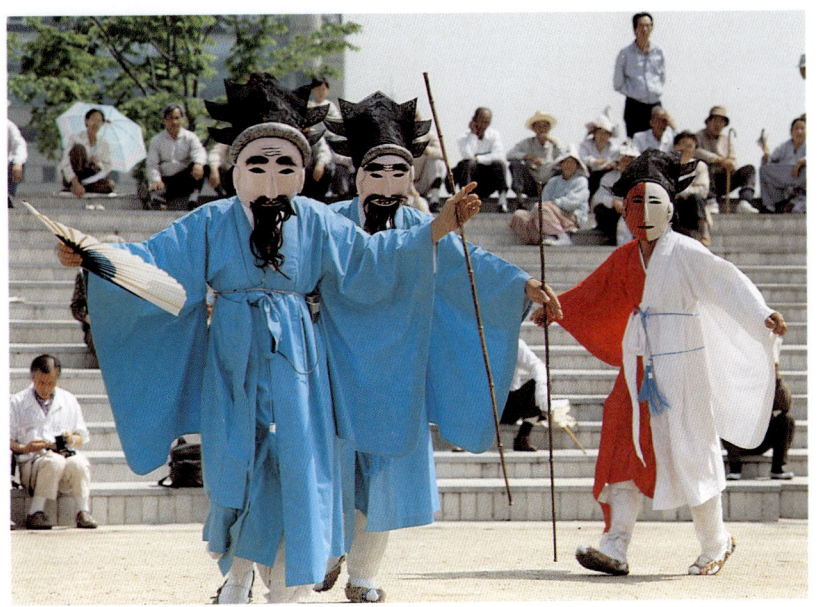

통영오광대의 풍자탈 마당 통영의 말뚝이는 양반 행세를 하는 자들이 비천한 태생임을 폭로하여 그들의 허세를 꺾는다. 그리고 말뚝이 자신이야말로 진짜 양반의 자손이라고 한다. 결국 진짜 양반과 가짜 양반의 지체 싸움이다. 이는 신분제의 동요를 반영한 것인가, 아니면 민중 의식의 굴절인가.

연희 집단이나 연희의 직접 당사자 사이에서 흔히 찾아볼 수 있다.

도시의 탈춤에서 이속이나 상인 그리고 식자층이 개입하면서 더욱 이러한 경향을 띠게 되었음은 말할 것도 없다. 그러나 이러한 분리나 분업, 담당 역할의 분배 등은 연희 행사를 위한 동일한 목적성과 동일한 관점 아래 공동 참여 안에서 분화일 뿐이다. 공동 작업을 하면서 서로 갈등이 없을 수 없겠으나 그것이 첨예화되는 방향을 취하고 있지 않은 것은 공동체적 유대 의식, 공동체적 공감대가 형성되어 있는 가운데 진행되기 때문이다. 탈춤을 흔히 공동 창작의 소산이라고 보는 것도 현실 사태에 대한 공동 인식이라는 공동적인 관점과 공동적인 실천 노선이 전제된 위에서 만들어진 것이기 때문이다. 인식과 행위에 대한 통일적인 노선이 정해지지 않고서는 집단적인 것은 이루어질 수가 없다. 탈춤에서 연희자와 관중이 교호적인 관계를 갖는 것도 한 통속으로 동일한 행위 노선을 취하고 있기 때문일 것이다. 동일한 관점, 동일한 목적성 안에서의 분화라는 점에서 우리는 이를 통일적인 것의 다양화라고 부를 수 있겠다.

통일적인 것의 다양화라는 것은 다양한 것이 전체적인 통일의 방향으로 모아지는 '다양성의 통일'이 아니라, 이미 그러한 변증법적 과정이 수행되어 그 반대의 방향을 취하는 것이다. 곧 하나의 통일된 것이 다양화되어 가는 과정 속에서 내재적으로 분화되는 방향을 취하는 것이고, 분화의 맥 속에 통일성이 산재되어 가는 세포 분열의 모습과 같은 것이다. 통일적인 것이란 원론에 해당되는 총체적인 것이고, 이의 다양화란 사태를 만나 거기에 일관되게 적용된 각론에 해당되는 것이다.

통일의 다양화란 지속성 속에 자유 분방한 변화를 보장해 주는 것이어서 닫힌 구조가 아니라 열린 구조를 가능케 해주는 요체가 된다. 그리고 이는 전체와 부분의 관계, 집단과 개인의 관계를 뚜렷하게 설정해 주는 명제가 될 수 있다. 전체 속에서 부분이 전체를 대표할 수 있게 해주며 부분이 전체를 위하여 봉사하지 않고 자신의 독자성과 가능성을 무한히 강조할 수 있도록 자유의 지평을 열어 주는 것이다. 이는 포일 사상(抱一思想)과도 통하고 발전이라는 개념과도 통한다. 자칫하면 획일화와 정체성의 논리에 빠지기 쉬우나 변하는 가운데 변하지 않는 그 무엇이 있어 이것이 연산(連山)의 형태로 굴러간다. 큰 굴레 속에 있는 자유, 하고픈 대로 하여도 크게 벗어나지 않음, 이것이 절대적 개방성이며 변증법적 상생(相生)이다.

통일성의 관점이란 탈춤의 변천사에서 이원적인 것을 극복하여

하나로 아우르는 민중성 전반 또는 개방적 민중성이라는 포괄적인 관점과도 통한다. 탈춤에 관여하고 있는 민중층의 다양성이나 분화는 바로 통일적인 것의 분화나 다양화와 결부된다. 그러므로 각양의 민중층은 탈춤에 있어서 그 각각이 모두 중요하고 또한 독자 노선일 수 있으며 그런 만큼 무한히 자유롭다. 그리고 각양의 민중층은 민중층 전반 속에서 민중층 전반을 대표한다.

탈춤 구조의 원리가 되고 있는 이러한 통일의 다양화는 공동 작업 안에서의 역할 분담을 가장 민주적으로 해결해 낼 수 있게 하는 교지가 된다. 탈춤의 극작술에 있어서나 공동 창작의 참여 과정에 있어서나 탈패끼리 또는 연희자와 관중끼리 교호적인 관계를 갖게 하는 통합 원리이기도 하다.

탈춤의 전승 원리이기도 한 통일의 다양화는 지속성 안에서 창의력을 발휘할 수 있게 하므로 전통과 창조라는 두 이념을 한꺼번에 통합할 수 있는 길을 열어 준다. 이러할 때 문화의 창조력은 유발되면서 동시에 축적된다. 폐쇄적인 집단에서 개방된 집단으로 변천하는 탈춤 연행 집단의 역사를 우리는 공동체 의식이 확대되고 분화되는 역사로 볼 수 있다. 농촌에서나 도시에서나 또 일반 대중 사회에서나 지식인 사회에서나 탈춤에 관여하고 있는 민중층이 다양화되고 분화되어 가는 과정이 세포 분열의 모습처럼 계속 확대하면서 포괄적으로는 공동의 노선에 놓일 수 있다면, 민중 전반에 걸쳐 문화 창조력은 가장 민주적으로 고루 확보하게 될 것이다. 이러할 때 각계의 민중층은 독자적인 활동을 보장받을 수 있을 것이다.

전승 탈춤의 민중 의식과 세계상

마당굿으로서 집단적 신명

삶을 저해하는 적에 대한 인식을 토대로 적을 공격하여 물리치는 살풀이의 과정은 사회적인 재앙을 풀어 물리치는 탈춤의 구조 논리와 다르지 않다. 사회적 살풀이의 과정으로서 탈춤은 바로 사회적 신명풀이다.

탈춤은 일상적인 사건이나 생활 현실의 문제에 대한 현실 의식에서 창출된 것으로서 현실에 대한 모방 행위와 관련되어 반복적으로 수행되면서 유형화된 내용을 이룬 것으로 보여진다. 생활상의 공동 적을 공동적으로 공격하여 승리를 거두는 민중적 축전이다. 모방과 유희 곧 현실 인식과 표현 행위 이 둘을 동시에 발현시키는 통로는 서사극(敍事劇)과 또 다른 마당굿이다.

현실에 대한 비판적 거리를 통한 세계 인식이라는 점에서는 서사극과 공통점을 지니나 마당굿은 일하는 것과 노는 것을 변증법적으로 통합시킴으로써 놀이의 공유화를 통한 삶의 집합화와 놀이의 삶으로 환원이라는 생활 예술로서의 총체성과 보편성 위에 놓여 있다. 이는 사회 문제와 예술의 문제를 하나로 통합시키는 통로로서 민중 공동체적 사회 의식의 예술적 승리라는 말로 요약된다. 그러므로 마당굿은 당대 사회에 내재해 있는 기본 모순과 주요 갈등을 공동체적 관심의 표적으로 부각시키고 거기에서 성취된 사회 인식을 행동화하는 삶의 축전인 것이다. 그것은 마당의 의미 배경 속에서 구체화된다.

'마당'의 뜻

마당굿의 실현 기제 및 통로로서 마당은 네 가지로 뜻을 새길 수가 있다.

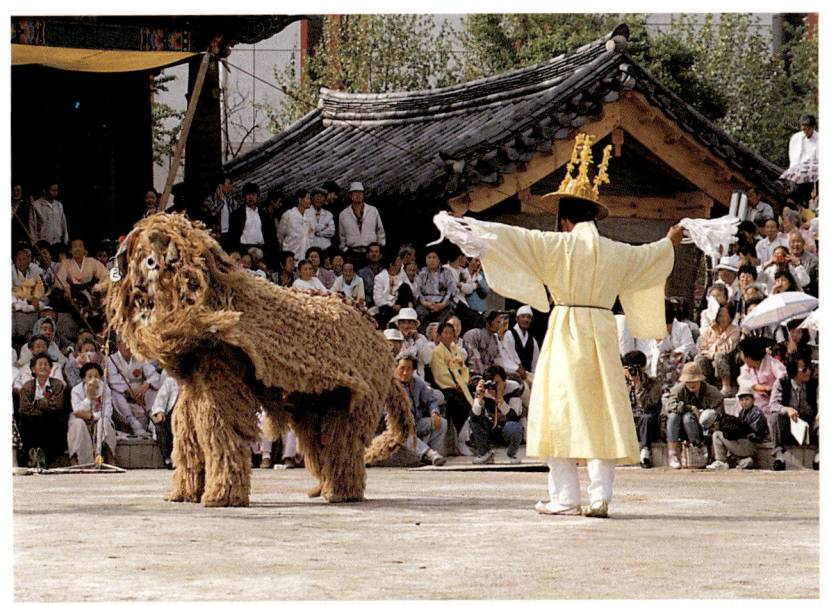

가산오광대의 영노 마당 오방신장무가 끝나면 영노가 나와 중앙 황제 장군(양반)을 상대로 하여 혼을 내준다. 영노는 민중의 힘과 전망을 실체화시킨 가상의 동물이다. 탈춤은 삶을 못살게 구는 사회적 살을 풀어 내고 새로운 세상에 대한 민중적 전망을 현실화하는 사회적 신명풀이의 축전이다. 가산오광대는 1980년 중요무형문화재 제73호로 지정되었다.

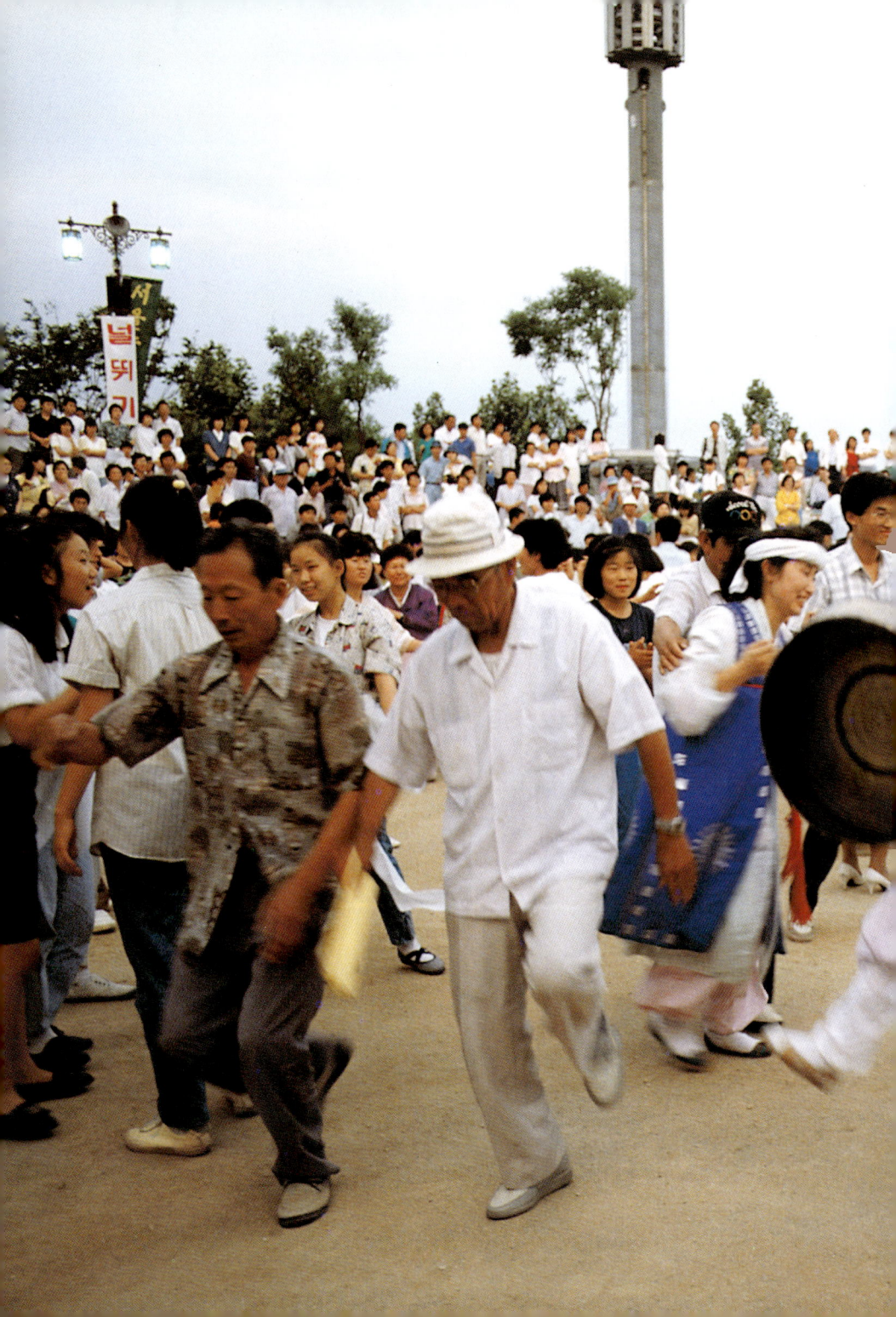

탈춤의 뒤풀이 대부분의 탈춤은 연희자와 관중이 마당판에서 어울려 마지막 신명을
함께 풀어 내는 뒤풀이로 끝막음을 한다.

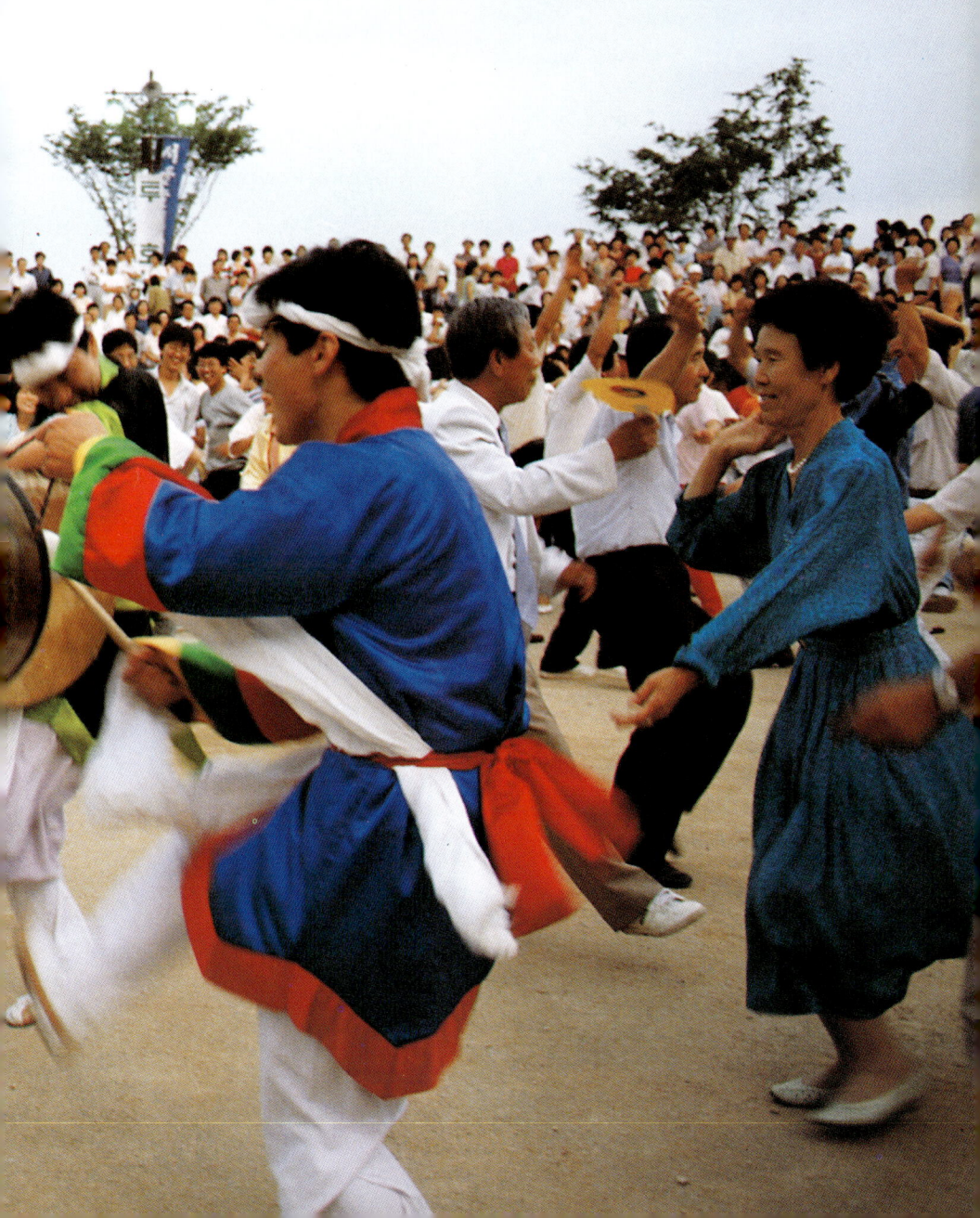

첫째, 마당은 일터, 쉼터, 놀이터이자 집회의 광장이다. 곧 삶의 현장으로서 생활 문화 공간이다. 둘째, 마당은 정세, 형국, 처지, 정황, 판국처럼 맞닥뜨려 실제로 부딪치고 있는 시공간적 현실 상황 국면의 뜻이 실려 있다. 셋째, 마당은 판 또는 거리처럼 각종 내기나 걸쭉한 볼거리가 벌어지고 있는 현재 진행형의 연희 상황을 뜻한다. 씨름판, 싸움판, 난장판, 이판 사판처럼 치열한 그 무엇이 일어남 직한, 일어나고야 말, 일어나고 있는 가능적인 현장 연희인가 하면 넷째, 판의 또 다른 뜻이 그러하듯이 마당은 짜여진 구도를 일컫는다. 지나가는 각 단계의 국면을 형상 의지로 유형화한 틀 속에서 즉흥성이 출렁이는 구성적 참여의 짜임새인 것이다.

요약하면 마당은 삶을 집합화하고 재생산하는 열려진 동참의 역동적 상황 현장이자 판벌임 끝에 판가름을 내는 살풀이의 유동적인 틀이라고 하겠다. 또 한편 우리 마당의 뜻에는 거룩한 곳이라는 예술 종교성이 담겨 있음을 놓칠 수 없다.

마을굿이 벌어지는 마당은 평소에는 일상 생활 공간이지만 굿터로 정해지면 각종 금기가 지켜지는 성스러운 곳으로 바뀐다. 굿판에서는 일상적 금기가 또 다시 전도되는 반란과 혼돈이 일어나고 굿이 끝나면 그곳은 다시 일상 공간으로 되돌아온다. 한 마당을 두고 속된 곳으로, 거룩한 땅으로 그 넘나듦이 자유롭다. 교회나 법당이 일 년 내내 속된 것이 범접하지 못하는 것과는 다른 것이다.

굿판의 행사를 풍물이나 탈춤 같은 마당판놀이로 대치해 본다면 그것은 일상적인 것과 종교적인 것, 속됨과 거룩함이 자유롭게 넘나드는 그 길목에 있다. 그러므로 마당판은 살아가는 일 그 자체가 거룩하다는 숨은 뜻을 연행으로 펼쳐 내는 상황이라 보아도 좋을 것이다. 이를 좀더 강조한다면 보잘것없이 있는 듯 없는 듯, 죽은 듯 사는 삶이야말로 거룩함의 지상화를 위한 원천적 토대임을 천명하는 실제 상황이다.

마당굿의 네 가지 계기

마당판놀이의 하나인 탈춤은 보잘것없는 삶이 거룩하다는 것을 실제 상황화하는 마당굿이다.

한편 탈춤은 인간과 사회의 위선, 허위 등을 통렬하게 벗겨버리고 삶을 있는 그대로 드러내어 사회의 구성원들로 하여금 삶을 직시하게 한다. 말뚝이가 양반의 정체를 벗기고 그 허세를 폭로하듯이, 취발이가 노장의 중세 종교적 형식 도덕성을 비웃고 민중의 솔직한 삶, 원색적이고 본능적인 욕구를 숨김없이 과시하듯이 진실은 거짓을 폭로함으로써 이에 대항한다. 허위와 위선은 기술적인 폭력 없이는 유지하기가 어렵다. 진실은 이러한 폭력에 맞서 대항함으로써 죽음과 언제나 동행한다. 개인성을 포기하여 죽음을 동반한 진실성은 비록 그것이 개인적인 시선에서 출발한다고 하더라도 곧 전체적이고 공동적인 시선 속에서 구제되어 사회적 진실성을 획득한다. 또한 관념적인 발상에서 나왔다고 하더라도 그것은 구체적인 실제 문제 속에서 부딪치고 갈등함으로써 현실의 진실성에게 접근한다. 그러나 사건을 증언하고 폭로하는 것만으로 그쳐 결국 사람마다 내재되어 있는 신명을 불러일으키지 못한다면 개별화되고 내면적인 것이 되어 속으로만 웅크릴 뿐이다.

사회적인 진실성은 내재된 신명을 밖으로 도출시켜 공유될 때 집단적인 힘을 얻는다. 그것은 '마당'이라는 이곳에서 무엇인가 벌어짐직한 연희적 상황의 참여 동기를 부여함으로써 돌출되는 새로운 진실성의 힘이다. 그러한 상황적 연희의 진실성 속에서 판벌임 끝에 판가름내는 사회적 진실성은 변형, 왜곡, 과장되어 놀이판을 율동적으로 출렁이게 한다. 양반 99명을 잡아먹고 양반 하나만 더 잡아먹으면 하늘에 오른다는 영노의 출현은 단순한 우화적 설정이 아니며 담보를 잡아먹은 사자를 총으로 포획하는 것도 단순히 약육 강식의 세태를 묘사한 것만으로 볼 수 없다. 그것은 우화적 설정이긴 하되 비현실 세계를 마당판에서 현실화한 상황적 진실성이기 때문이다. 이는 민중적 '전망'과도 연관된다.

신명은 삶의 응어리진 한과 고통을 풀어 헤쳐 삶에 활력을 준다. 모든 대립적인 요소를 한자리에 불러모아 웃음의 칼날(諷刺)로써 대립을 첨예화시키는 삶의 무기이다. 웃음으로 적을 공격하는 탈판은 소비적인 놀이판이 아니라 삶의 생산성을 드높이는 싸움판이다. 또한 탈판은 풀죽은 말, 웅크린 몸이 푸근한 웃음의 해학으로 되살아나 삶의 생동성을 드높이는 놀이판이다. 문둥이나 병신의 뒤틀린 몸짓에서 우리는 차라리 육체적 해방감을 맛본다. 육체와 삶을 억압하는 세력의 되죽임을 통해 획득되는 생명 충일, 바로 이것이 살풀이의 극점으로서 신명인 것이다. 그러므로 살풀이 과정에서 신명은 반생명적인 살의 정체를 밝혀 전투적 현실 인식을 수행한 것이어서 단순한 흥풀이거나 소비적인 정서의 해소일 수가 없다. 그것은 투쟁적 현실주의의 치열함을 이미 거친 것이다. 현실 인식 기능과 현실 쟁투 기능을 아우르고 있는 신명은 그러므로 비현실적이고 비과학적인 것이 아니다. 그것은 자발성, 유기성, 노동성, 감염성, 전파성, 해방 기운 등을 담지하고 있는 생산적, 출산적 정취로서 모든 창조 행위의 원천적 기운이 되고 있다.

연행자와 구경꾼이 함께 판을 짜는 공동 창작의 마당판에서는 현실 인식의 공유가 전제되어 있거나 적어도 서로 사이에 인식의 공유를 확인하는 과정이 포함되어 있게 마련이다.

이와 같이 현실 인식의 사회적 진실성은 연희 현장의 상황적 진실성으로 바뀌면서 현실 쟁투와 현실 향유의 집단적 신명으로 행동화된다. 특히 탈춤의 현실 인식이란 탈춤의 생산 전승층인 민중의 육체 노동을 통한 사물 인식이어서 삶이나 생명 현실에 대한 육체적 사고는 삶 또는 생명 사실 자체에 깊이 뿌리를 둔, 좀더 직접적이고 생생한 것이다. 더욱이 탈춤은 육체로써 연출하고 육성으로 발언하

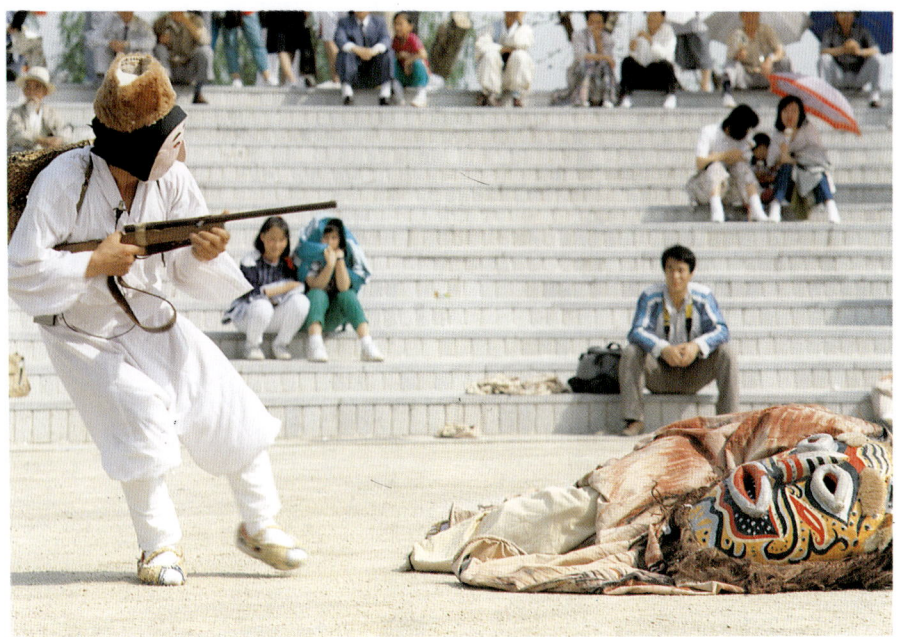

통영오광대의 사자와 포수탈 마당 사자가 담보(범)를 잡아먹으면 포수가 나와 사자를
쏘아 죽인다. 약육 강식의 세태를 풍자한 우화적 설정이긴 하지만, 비현실 세계를
마당판에서 현실화한 '상황적 진실성'을 담고 있다.

는 것이므로 민중의 생활선상에서 가장 현실적인 신명풀이가 되는
것이다. 또한 탈판은 바로 생활의 현장이고, 그러한 현장을 둘러싸고
있는 집단적 신명은 놀이판에 모여든 사람 모두가 그 판의 담당자이
며 참여자임을 교시한다. 하나의 상황 현장인 탈판은 한 판의 놀이
로서 그때그때 상황에 따른 운동 성향을 지니고 있어 살아 출렁이는
변화 무쌍한 임기 응변으로 현장적인 열기를 더해 준다.

  개인 문제가 집단 문제로, 개인적 신명이 집단적 신명으로 공유화
되어 가는 현장의 운동성은 개별적이고 에피소드적이며 평면 나열
적인 사건들이 크게 묶여져 전반적이고 핵심적이며 통합적인 유형
으로 나아가게 한다. 그리하여 사건의 본질만 남아 굴러가면서 즉흥

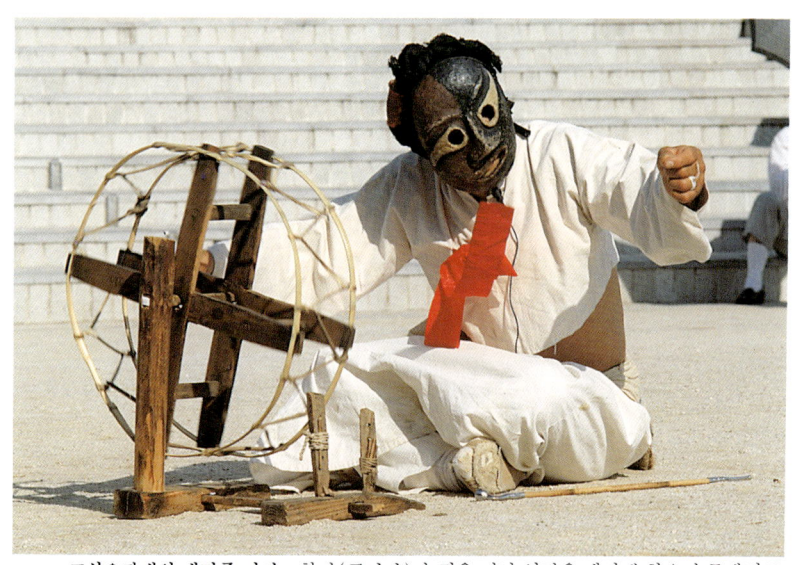

고성오광대의 제밀주 마당 할미(큰어미)가 집을 떠난 영감을 애타게 찾으며 물레질로 서글픈 심사를 달랜다. 고성오광대는 연희자 스스로 일심계(一心契)를 조직하여 주로 정월 대보름에 장작불을 피우고 장터에서 놀았다고 한다. 오광대로서는 비교적 고형에 가깝다.

성을 낳는다. 이러한 지속적인 과정을 통해 민중의 생활 체험은 공동의 시선 속에서 전형화되어 저장된 실체로서 전승의 내용이 된다. 과거와 미래가 바로 현재 속에 생동하는 '살아 있음'의 큰 테두리 속에서 부분의 전형화, 전형의 세분화가 이루어진다.

　이러한 민중적 전형성은 현장적 운동성에 지속적인 새 힘을 부여해 주며 현장적 운동성은 집단적 생활 속에 잠재하여 신명을 끊임없이 자극하고, 집단적 신명은 삶과 생명 현실의 지속성 위에서 매번 새롭게 인식되는 상황적 진실성을 촉구하여 순환하면서 확대되는 고리가 이루어진다. 이러한 네 가지 마당굿의 계기는 상황적 진실성을 토대로 한 민중적 전형성과 집단적 신명을 토대로 한 현장적 운동성으로 크게 묶을 수 있다. 앞의 것이 민중 예술학과 연관된다면 뒤의 것은 민중 미학과 연관되나 엄격히 구분되는 것은 아니다.

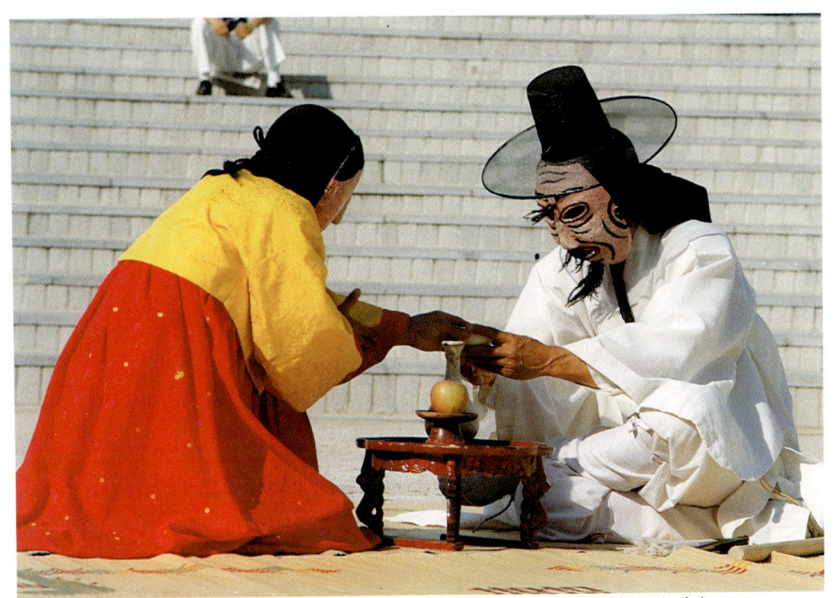

고성오광대의 제밀주 마당 할미가 영감을 찾아다니는 동안 영감은 애첩과 술상을 마주하여 놀아난다.

삶과 죽음

탈춤에서 상황적 진실성을 통해 집단적 신명을 확보하는 통로를 상징해 주는 것으로서 삶→죽음→삶의 이행 과정이 있다. 파계승 마당에서 보면, 노장과 소무가 붙어 지내면 취발이가 나와 노장과 몇 차례 싸움 끝에 드디어 소무를 빼앗아 살림을 차려 아이를 낳는다. 이로써 취발이의 유랑 생활은 한때나마 종결된다. 취발이가 아이를 낳는 것은 취발이의 승리 뒤에 다가오는 새로운 사회의 담당자의 출현을 말해 주는 것으로 파악될 수 있다. 말하자면 그것은 새로운 삶, 새로운 사회에 대한 민중의 기대 욕구를 극대화한 것이다. 아이의 출생으로 끝없는 싸움은 끝이 나고 새로운 세계는 예축(豫祝)된다. 아이의 출생은 내용상의 마무리이자 새로운 출발의 씨앗이기도 한 것이다.

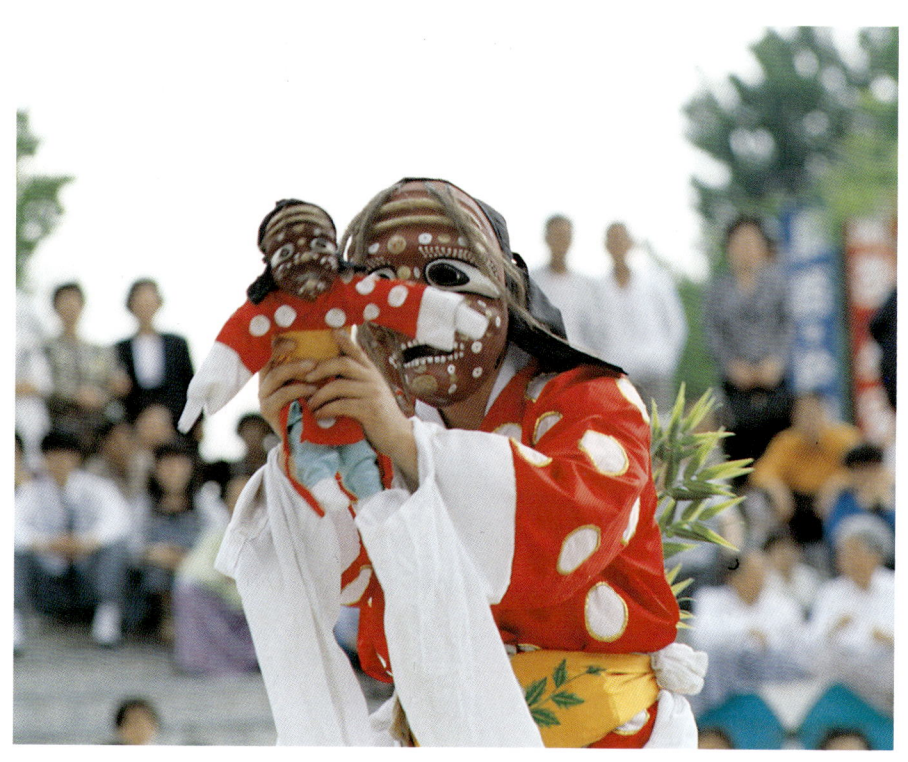

강령탈춤의 취발이와 아들 노장을 물리친 취발이는 소무 사이에서 낳은 아들을 천자
뒤풀이, 언문풀이 등으로 어른다. 취발이 아들은 다가오는 새로운 세상의 담당자가
될 터이다. 아이의 출생과 할미의 죽음은 상보적이어서 죽음과 삶이 다르지 않다는
민중적 세계관을 반영한다. (위)

봉산탈춤의 미얄춤 영감을 가운데 두고 본처인 미얄과 첩인 덜머리집이 다투다가
미얄이 죽는다. 남강 노인을 비롯한 동네 사람들이 무당을 불러 지노귀굿을 하여
미얄혼을 천도한다. (옆면)

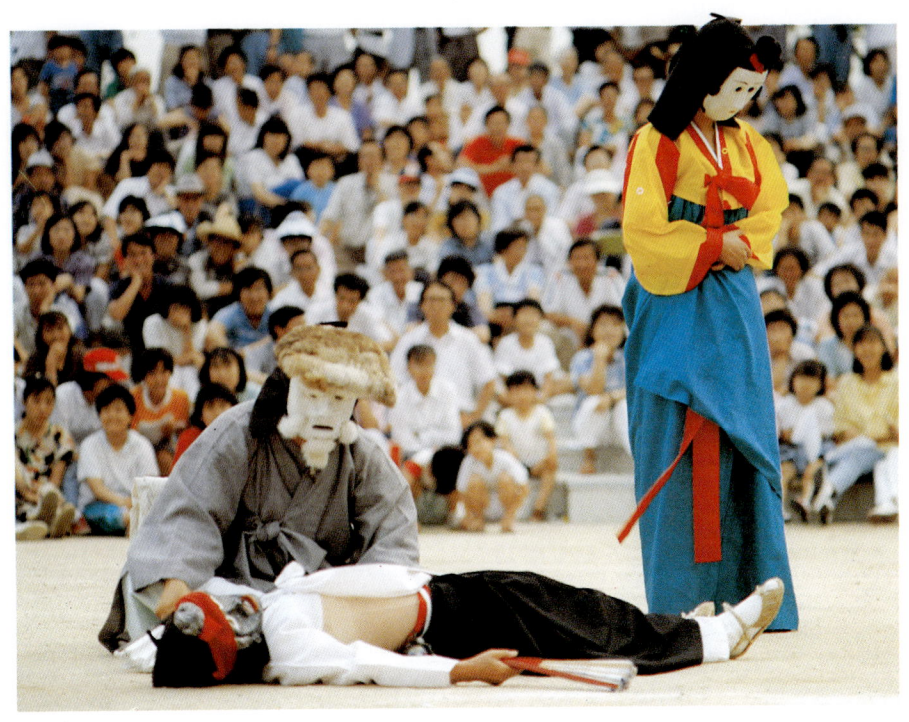

　현실 문제의 이러한 예술적 해소 또는 승리는 민중적 축전의 시발점이 된다. 아이의 출생은 대단원의 막을 내리는 미얄할미의 죽음과 대응된다. 미얄할미의 죽음은 영감을 가운데 두고 새로운 생명력을 상징하는 첩과의 싸움에서 젊음에 의해 늙음이 패배한다거나 여름과 겨울의 싸움에서 겨울의 패배라는 단순한 의미의 패배가 아니다. 할미의 죽음은 곧 마을 사람들에 의해 지노귀굿으로 진행되어 보다 나은 세계로 구원되는 일상적인 통로의 몫을 맡는다.

　미얄할미의 허망하기까지 한 느닷없고 허름한 일상적 죽음은 그것이 바로 민중적 죽음의 한 모습을 그대로 드러내 주는 것이며,

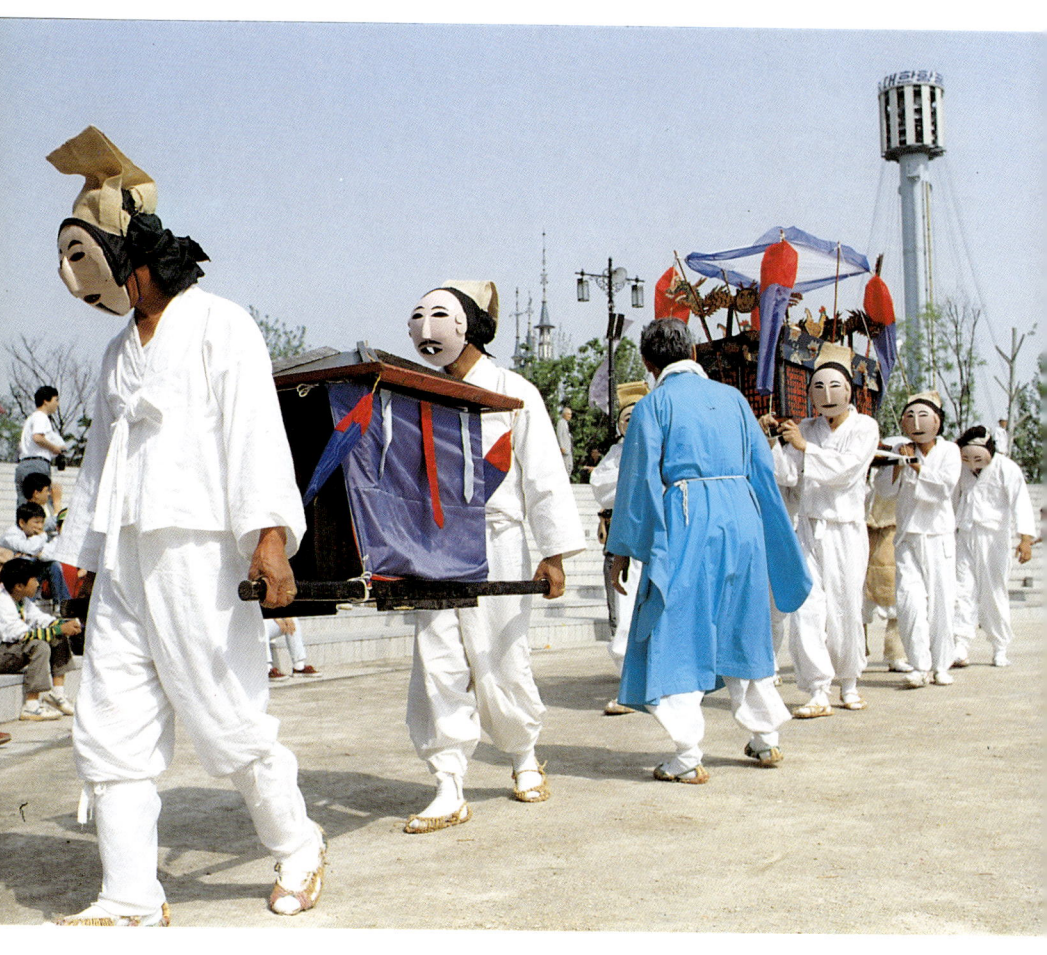

통영오광대의 상여　할미가 죽고 나면 상도꾼들이 상여를 메고 나간다. 지노귀굿으로 마무리되는 산대놀이나 황해도 탈춤과는 달리 들놀음이나 오광대에서의 상여 운반 등은 후대의 변용일 터이다. 할미의 느닷없고 허름한 죽음은 그것이 바로 민중적 죽음의 한 모습을 드러내 준다. 이는 아이의 출생과 함께 민중적 축전의 계기가 된다.

이러한 죽음은 삶 가까이에서 그것이 바로 삶의 무기임을 말해 주는 것이기도 하다. 죽음으로 삶은 끝나는 것이 아니라 바로 이러한 죽음을 통해 다시 거듭나는 민중적 삶의 한 경지를 보여 주는 것이다. 그러므로 아이의 출생과 미얄할미의 죽음은 상보적인 관계에 있고, 삶과 죽음이 하나라는 민중적 사고의 한 단면을 말해 준다. 할미광대와 제밀주 사이에서 치여 죽는 고성오광대의 아이의 죽음, 사당동티가 나서 죽는 가산오광대의 영감의 죽음도 실상은 이러한 의미 배경에서 크게 벗어나 있지 않다. 영노에게 먹히는 양반의 죽음도 특권층에 대한 날카로운 대결 의식을 드러내고 있으나 넓게 보아 이러한 민중적 생사관을 토대로 한 사회적 변용의 극적 표현일 터이다.

요컨대 탈춤에서 보이는 민중적 죽음은 삶의 무기로서 일상적 죽음이며 죽음을 통해 새로이 살아남을 기약하는 삶의 지렛대이다. 그리하여 그것은 새로운 질서의 탄생과 함께 민중적 축전의 도화선이 된다. 이러한 민중적 죽음은 삶과 죽음이 다르지 않다라는 민중적 삶의 상황을 보편적 진실의 세계로 진입시킴으로써 민중적 신명을 일상화하는 삶의 예지이자 생명 의식인 것이다.

유랑성과 민중적 전형과 예인 정신

유랑성

만남과 헤어짐, 사랑과 미움, 삶과 죽음을 따로 분리하지 않음으로써 획득되는 민중적 신명은 유랑성과 밀접한 관계가 있다. 탈춤의 등장 인물을 보면 거의가 유랑 생활자이거나 아니면 적어도 유랑 성향을 엿보이고 있는 뜨내기적 인물들이다. 목중이나 취발이, 소무, 애사당, 왜장녀, 신장수는 말할 것도 없고 미얄할미나 영감, 말뚝이나 쇠뚝이, 도끼와 도끼누이 그리고 양반이나 중에 이르기까지 거의 모두가 떠돌이적 인물들이고 나아가 판에 모인 관중들도 구경거리를 찾아 기웃거리고 있는 것이다. 이는 당시의 극심한 사회변동을 반영하고 있다.

탈춤의 주요 내용이 거의 떠돌이적 삶을 표현하고 있고 이들이 만남과 헤어짐 등에 연연해하지 않는 모습을 보이고 있는 것도 탈춤 담당층의 생활이 떠돌이 인생으로서 정착자라기보다는 결국 뿌리 뽑힌 삶을 사는 유랑민화된 인생 군상이라는 데서 연유되었을 것이다. 또한 탈춤의 중심 인물이었던 한량(閑良)의 속성에서도 그 이유를 찾아볼 수 있다. 한량은 원래 무과(武科)를 못한 호반(虎班)의 사람 또는 일정한 직사(職事)가 없이 놀고 먹는 말단 양반 계층을 뜻하는 말이었는데 언제부터인가 떠돌이적 기질에 힘깨나 쓰면서 호방하게 풍류를 즐길 줄 아는 인물로 뜻이 바뀌어졌다.

유랑 행위란 한 곳에 자리잡고 안주해 있는 것이 아니라 비정착성을 전제로 하는 것이기에 개방적이면서 자유 분방하고 현실 대응력이 강하면서 개척적인 의지를 함께 지니고 있다. '떠난다'라는 것은 고정 관념이나 고착된 생활 감정에서 해방될 수 있고 나아가 자기 투쟁적 자기 객관화로서 자신과 사회에 대해 비판적 거리를 취해 객관적 현실 인식을 가능케 해준다. 이는 생명 현실에 대한 보편성의 획득 과정이라고 하겠다.

강신무의 무병(巫病) 체험의 경우 흔히 미지의 세계로 정신과 육체가 부유하는 경향을 보이는데, 이는 세속 세계에서 이탈하여 영원 존재의 세계로 회귀하는 것으로 파악할 수도 있으나 자기 객관적 현실 인식을 위한 하나의 통과 의례로서의 유랑 행위라고 파악될 수도 있을 것이다. 그리고 탈춤의 등장 인물이 사회 현실에 대해

강령탈춤의 목중춤 봉산탈춤이나 은율탈춤의 목중의 사위춤과는 달리 장삼춤이 특징이다. 목중은 중은 중이나 8도강산을 유랑하며 풍류를 즐기는 한량중이다. 강령탈춤은 해서 탈춤 가운데 남쪽 해안형의 대표적인 탈춤으로 꼽힌다. 1970년 중요무형문화재 제34호로 지정되었다.

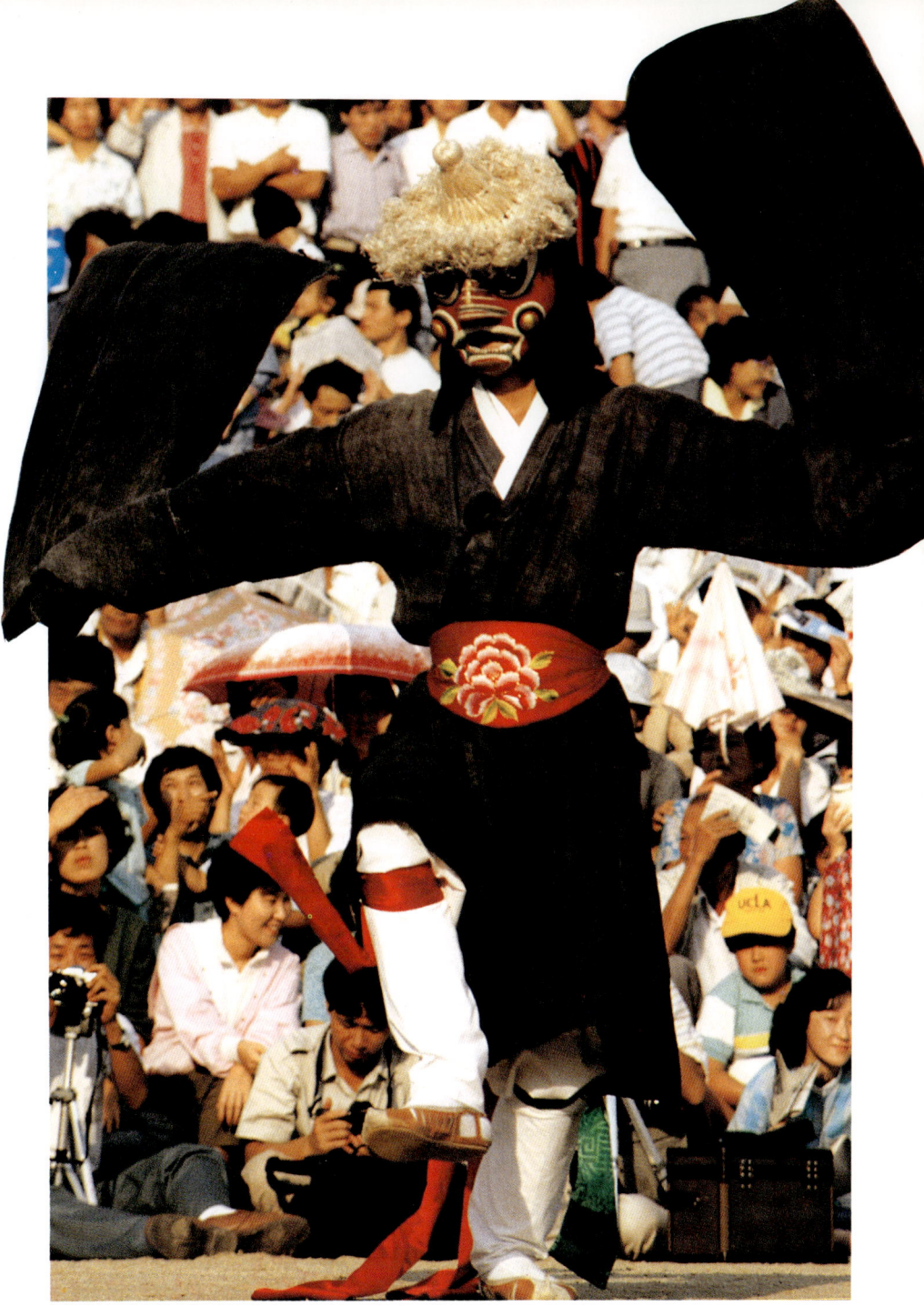

깊은 이해력과 생명 긍정의 친화성을 보이고 있는 것은 그러한 유랑 성향 때문일 것이고, 그들이 생명 긍정의 푸근한 웃음과 함께 철저하게 부정적이고도 정확한 웃음을 전달해 줄 수 있는 것도 그 때문일 것이다. 이처럼 탈춤 속의 유랑 성향은 당시의 사회 변동상을 단순하게 반영하고 있는 차원이 아니다.

민중적 전형

이와 결부시켜 볼 것으로 탈춤에서 취발이와 말뚝이의 삶이 있다. 이들은 현실을 현실 그 자체로 용인하면서 삶을 제한하는 세력과 맞서 있다. 취발이는 노장의 아랫사람(이를테면 불목한)으로서, 말뚝이는 양반의 하인으로서 그들의 체제 속에 일단 생활의 터전을 잡고 이들과 대립한다. 이들은 이들과 대척적인 관계에 있는 세력 속을 넘나들면서 생활하는 것이니 만큼 체제의 속성을 누구보다도 꿰뚫어 잘 알고 있고 그러므로 가장 현실적이고도 용의 주도한 싸움의 수법을 사용할 수 있다.

취발이와 말뚝이를 흔히 민중적 삶과 투쟁을 대변해 주는 인물로 보는 것은 이같은 의미에서는 차라리 당연하기까지 하다. 산대놀이나 황해도 탈춤에서 취발이는 노장의 손 아래에서 멀리 벗어나 천하 한량 술꾼으로 나온다. 특히 들놀음이나 강령탈춤에서 말뚝이는 툭하면 팔도 강산 유람을 떠나 자리에 없기에 오히려 양반들이 속절없이 찾아 부른다. 취발이가 막강한 정력과 자유 분방한 인생관으로써 관념적, 도덕적 중세 이념을 육체적, 현실적 근대 이념으로 뒤엎는 민중적 힘의 총체적 전형이라면, 말뚝이는 현실 속에 발붙이고 살면서 체제 질서를 에돌아서 뒤통수치는 민중적 싸움의 전형적 인물인 것이다. 은율탈춤 같은 데에서는 최괄이(취발이)와 말뚝이가 아예 민중 편에 선 재판관적 인물로 부각되어 나타난다.

취발이는 노장과 몸싸움을 벌이고 말뚝이는 양반과 말싸움을

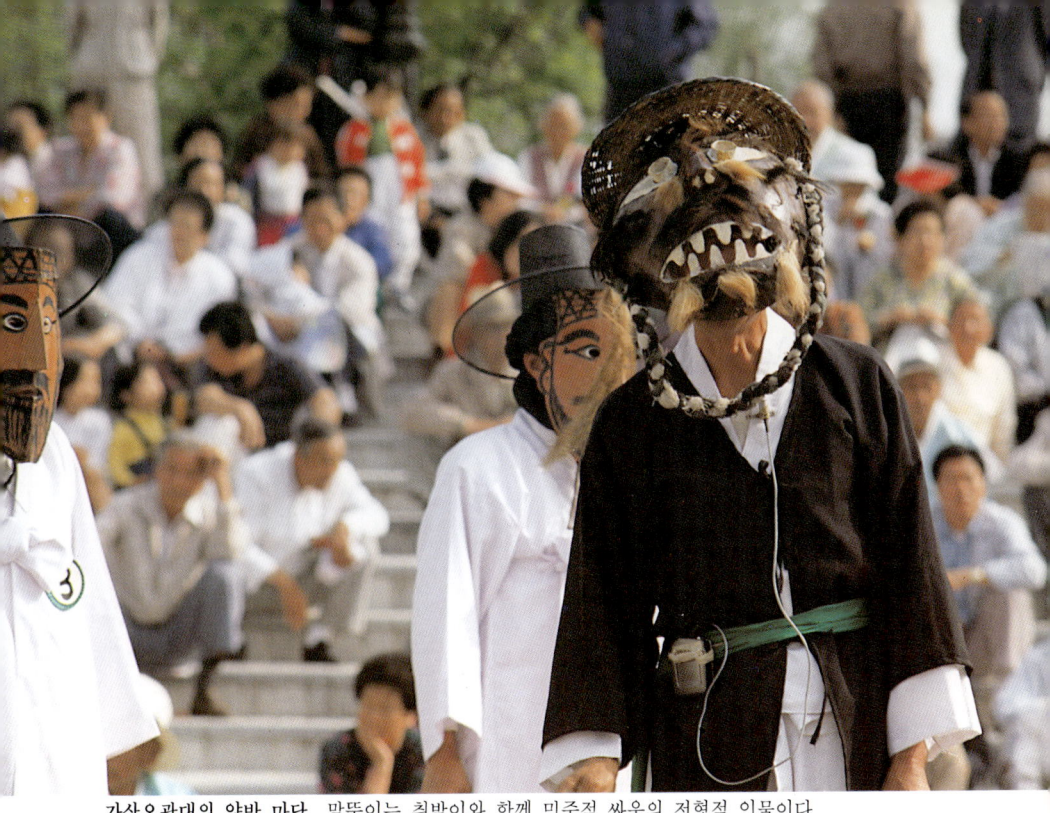

가산오광대의 양반 마당 말뚝이는 취발이와 함께 민중적 싸움의 전형적 인물이다.
관중은 이들에게 자신을 투영시키고 이들의 대리 행위를 통해 신명을 공급받는다.

벌인다. 소무에 대한 노장의 파계는 노장의 내면적 갈등을 개인화,
폐쇄화하지 않고 관중 모두에게 비판적 거리를 두고 관념적 형식
도덕의 허구를 객관적으로 비판케 하여 사회적 진실성을 공유케
하는 데 이바지하고 있다. 말하자면 노장의 파계는 거룩한 것의
세속화, 현실화여서 관중은 노장의 육체적 현실 회복에 대해 한편으
로는 성속(聖俗) 갈등의 배반감과 또 한편으로 성속 일여(一如)의
속시원한 인간적 동류감을 함께 느낀다. 이러한 이중적인 모순은
취발이의 육체적 공격을 통해 총괄적인 육체적 승리감 속에서 해결
나고 관중은 이에서 신명을 공급받는다.

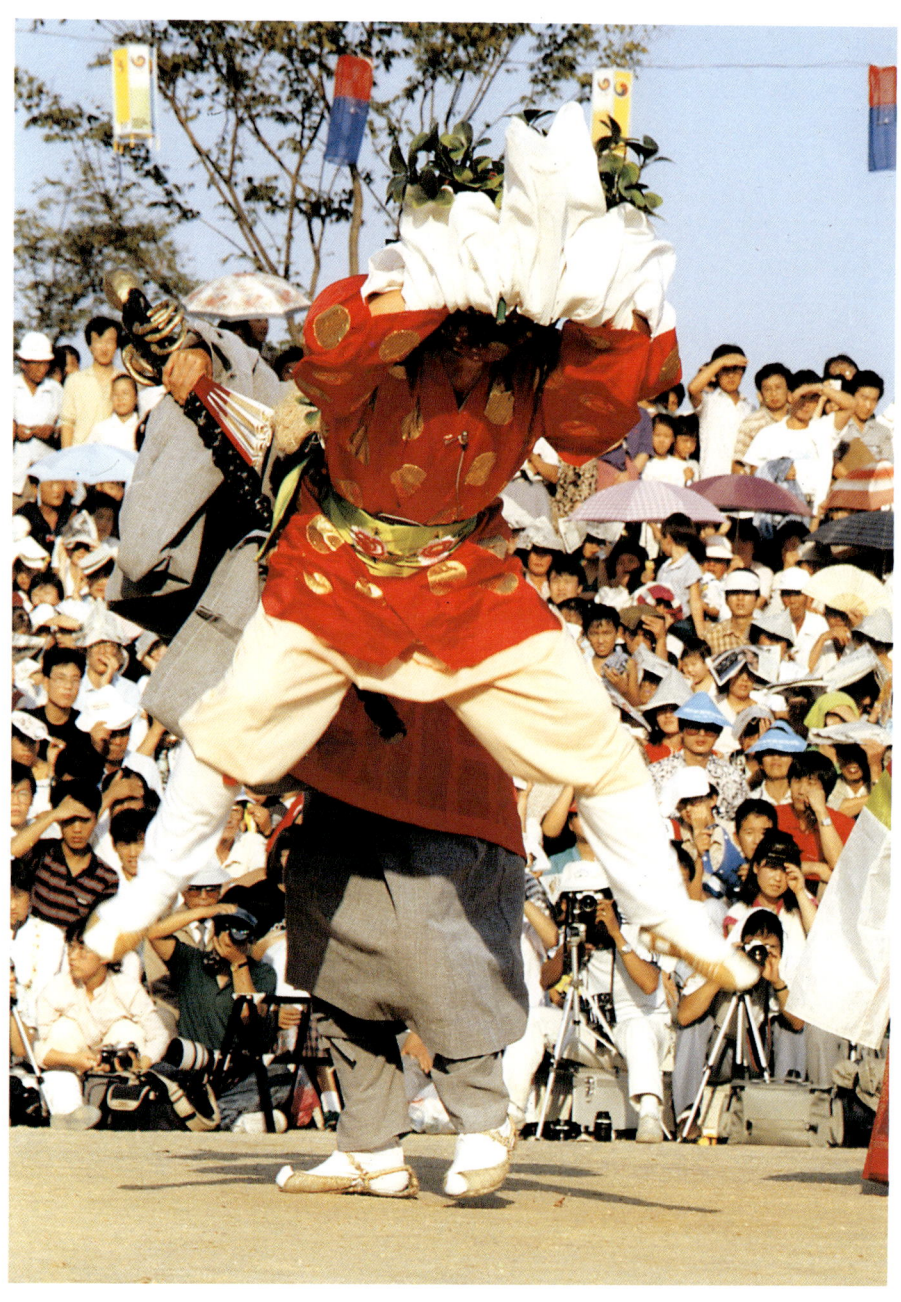

78 전승 탈춤의 민중 의식과 세계상

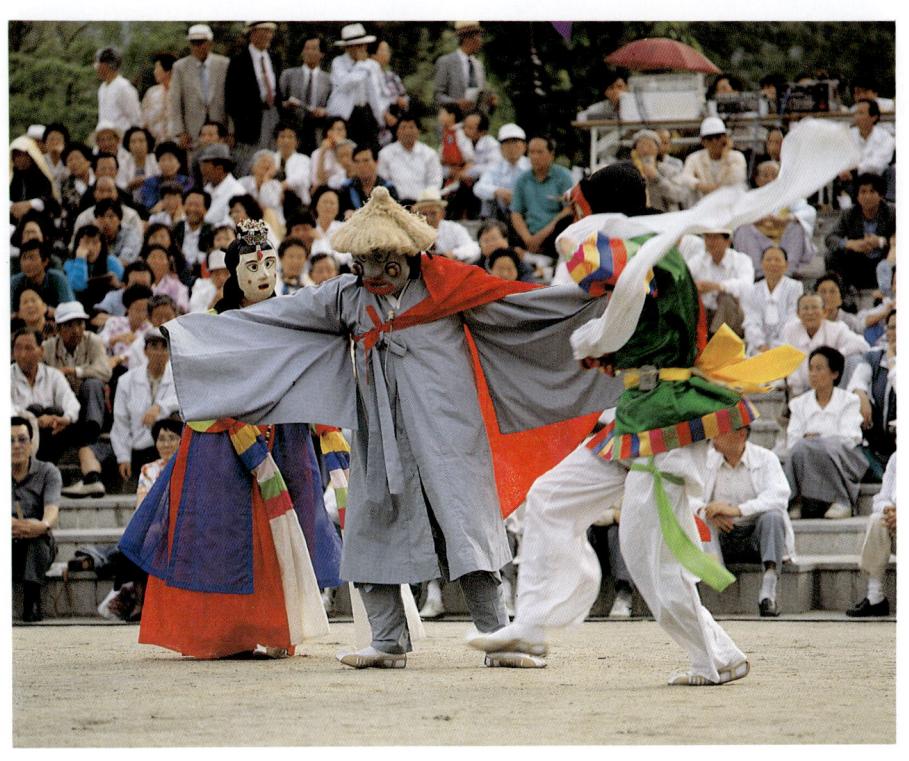

봉산탈춤의 노장춤 노장과 취발이의 대무는 노장의 풍구질로 시작하는데 여기서 노장
은 일차 승리를 거둔다.(옆면)

은율탈춤의 노승춤 소무에게 다가오는 취발이를 노장이 막아서서 소무를 에워싸나
결국 취발이의 힘에 밀려 쫓겨간다. 노장의 파계에서 관중은 성속(聖俗) 갈등의 배반
감과 또 한편으로 성속 일여(一如)의 속시원한 인간적 동류감을 함께 느낀다. 이러한
이중적인 모순은 취발이의 육체적 공격을 통해 육체적 승리감 속에서 해결난다.(위)

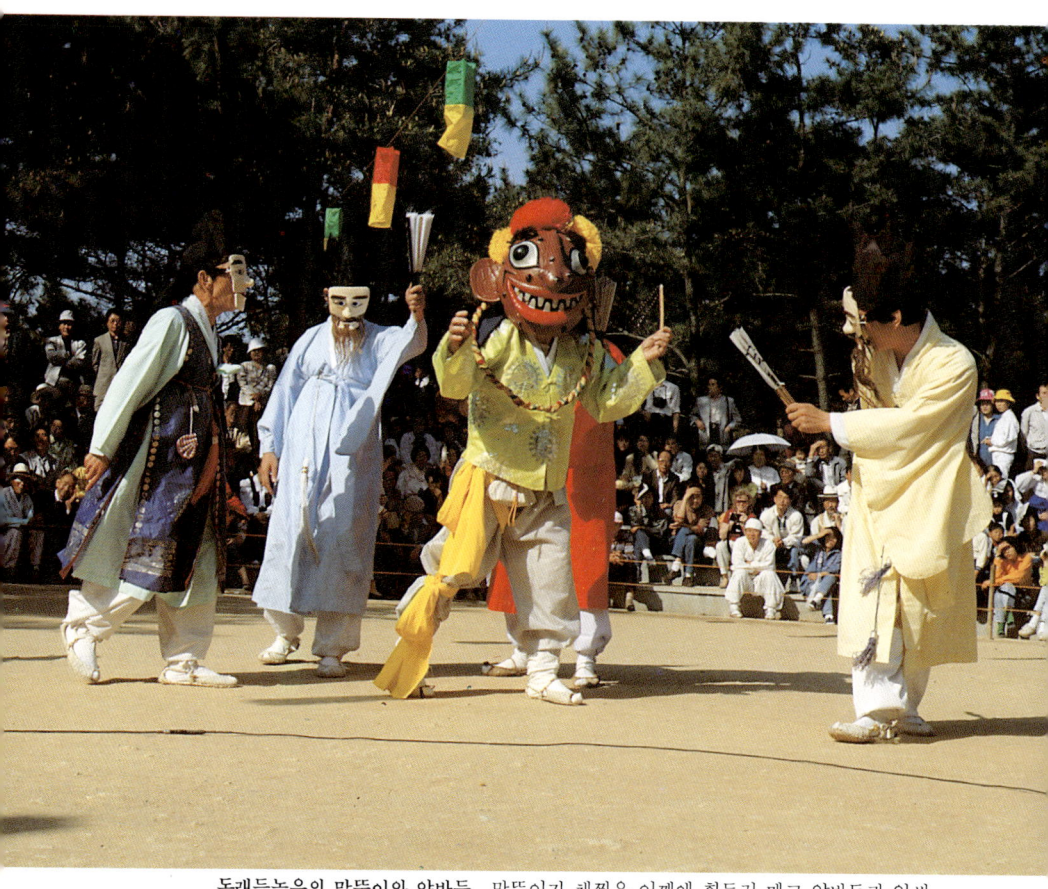

동래들놀음의 말뚝이와 양반들 말뚝이가 채찍을 어깨에 휘둘러 메고 양반들과 입씨름, 말씨름을 하여 이들을 넘어뜨린다. 특히 대부인 마님을 범접했다고 폭로하면서 양반들에게 더할 수 없는 낭패감을 안겨 준다.

말뚝이의 최후 승리는 중세적 질서의 한 보루인 대부인 마님을 범접했다는 사실을 폭로하는 데에서 마무리되고 이 대목에서 양반들은 낭패를 당한다. 이는 체제를 유지하는 도덕률을 육체적으로 허물어뜨리는 극적 격파술이다. 여기에서도 관중은 인간 보편의 도덕성이 파괴되는 데 대한 불안정한 배반감과 함께 기존의 특권 도덕률이 붕괴되는 데 대한 역사 진보의 통쾌감을 아울러 느낀다. 이러한 표현법은 폄출과 찬탈의 복합적 풍자성을 보이는데 중세적 질서의 단순 파괴 그 이상의 뜻을 지닌다. 문둥이춤에서 우리는 문둥이가 구가하는 육체 해방의 자족감에 대리 만족해한다. 양반을 잡아먹는 영노에게서도 대리 만족감을 느끼는데 영노와 양반의 대결은 결국 몸싸움이다. 이 모두가 세계와 내가 만나는 일차적 통로인 육체적 인식의 직접성에서 비롯된다. 육체적 승리의 현실감 이 관건인 셈이다. 탈춤에서 취발이와 말뚝이는 '문제성적 인물'로서 이미 민중적 전형상이 되어 있고 관중은 이들에게 자신을 투영시키 고 이들의 대리 행위를 통해 신명을 공급받는다.

예인 정신

이러한 극중 인물뿐만 아니라 특히 유랑 예인으로서 사당패의 연희자는 유랑 생활을 통해 전국적인 현지 체험과 다양한 현실 접촉 에서 폭넓은 견문을 가질 수 있게 된다. 그리하여 이들은 민심의 소재와 여론의 향방, 사회 구조의 모순점 등에 민감하고도 정확한 사태 인식을 행할 수 있어서 민중의 의사를 대변하고 민중 생활상의 꿈을 예술적으로 실현, 현실화하는 예술적 선지자 역할을 담당하는 것이다. 우리는 사당패 연희자의 이러한 미적 사제자로서의 정신을 이른바 예인 정신이라고 할 수 있을 것이다.

이러한 예인 정신은 어떠한 놀이의 현장에서도 민중의 요구에 순응하여 임기 응변으로써 즉흥적으로 예술 행위를 수행해 낼 수 있는 예술적 천재를 요구한다. 이는 전문적이고도 숙련된 표현 기법 을 구사해 낼 수 있는 장인적 수련 과정에서 획득되는 것이다. 장인 적 수련은 예인 정신의 필수적인 요건이 된다. 이러한 의미에서 볼 때, 무의식(巫儀式)의 기예를 닦아야 하는 세습무나 학습무의 경우에는 말할 나위도 없고 신의 영험력을 발휘하는 강신무조차도 성무(成巫) 과정상 내림굿 이후의 기예 학습이 필수적으로 요구되고 있음을 우리는 여기서 다시금 상기해 볼 필요가 있다.

예인 정신은 민중 일반을 대신하여 민중 의식이나 민중적 미의식을 미적 대리인으로서 표현해 주는 정신이라는 점에서 민중적 예술가의 정신이라고도 할 수 있다. 진정한 의미에서 예술가 정신을 획득하는 길은 삶의 현장 체험에서부터 정확하고도 고도화된 현실 의식과 생명 긍정의 친화성을 다지는 것과 동시에 현장적이고도 전문화된 예술 기법을 터득하는 길 그 자체에서 출발한다.

나아가 생활의 차원과 예술의 차원, 개인적 미의식과 민중적 미의식 사이의 대립을 극복함으로써 자신의 신명을 스스로 확보하고 이를 다시 공동적인 신명으로 보편화하는 가운데 획득되는 것이다. 이러할 때 생활의 꿈과 예술의 꿈 사이 변증법적 유화로서 예술 체험인 민중 일반의 신명을 대리, 대행할 수가 있다.

예인 정신에서 신명이란 민중적 삶의 멍에를 예술적 무병 체험으로 짊어지고 이를 부단히 예술의 세계로 고양시키는 데에서 획득되는 것이다. 이런 의미에서 탈춤을 비롯한 민중 연희의 연희자를 가리켜 흔히 '신명이 많은 자, 신명이 과다한 자' 또는 '끼가 많은 자'라고 함은 재삼 음미해 볼 만하다. 신명이 많다는 것과 끼가 많다 함은 서로 다른 말이 아니다.

진정한 광대는 공동의 민중적 신명을 갖춘 자이다. 한 연희자가 지니는 신명이 민중 공유의 내재된 신명과 일치하여 이를 대행함으로써 민중적 공감대를 형성할 수 있을 때에라야 한 연희자는 민중적 예인으로서 민중 앞에 등장되는 것이다. 이는 유랑 전문 예인의 탈춤에서 뿐 아니라 두레패 연희의 탈춤에서 출연자나 등장 인물에게도 두루 통하고 있다.

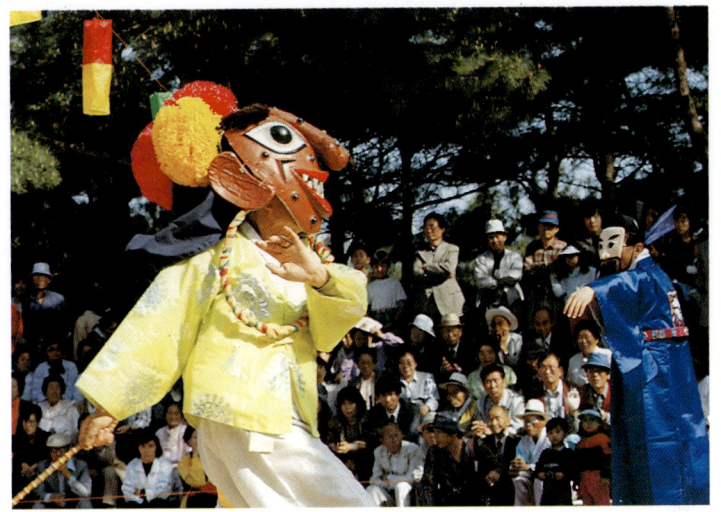

동래들놀음의 양
반 마당 말뚝
이가 원양반과
덧배기춤으로
맞대거리를 하
고 있다.

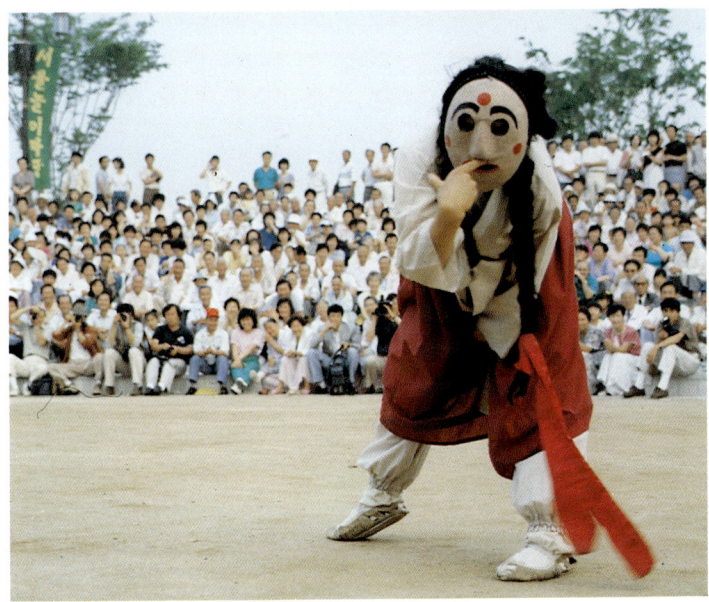

북청사자놀음의
마당놀이 중
병신춤

'이름없음'과 여성적인 것의 권리 회복

예부터 전해 오는 탈춤에는 여러 가지 모습의 인생 군상이 나온다. 양반집 일가와 그들의 하인, 중, 일반 서민의 가족, 장사꾼, 떠돌이 한량, 화류계 여자, 시정의 잡배 등 다양한 인물들이 두루 등장한다. 그런데 여기서 주목되는 것은 탈춤 속의 등장 인물들이 저마다 한 사회 안에서 일정한 계층적 성향을 띠고 있어 제각기 다른 사회적 성격을 엿보인다는 점이다.

사회의 계층적 구조나 던지고 있는 메시지 그리고 이야깃거리 등이 비교적 소박한 농촌 공동체의 탈춤에서는 등장 인물의 성격도 단순하고 인물의 유형도 한정적일 수밖에 없다.

18세기 중엽 이후 탈춤이 행정이나 교역의 중심지에서 성행하고 상인이나 중간 이속, 식자층 등이 끼여들고부터는 사뭇 다른 양태를 보인다. 참여 계층도 넓어지고 다루는 문제거리도 여러 갈래여서 한층 더 복합적인 성격의 인물 군상이 얽혀들게 마련이다.

한때 지배층으로 위세가 대단하던 양반 계층도 이때쯤의 탈춤에서는 마지막 봉건 세력이 되어 몰락 양반층으로 서서히 한물가고, 도덕적 세계관의 표상이던 노장도 스스로의 고귀함을 잃고 시정 세속에 잔뜩 물들어 있다. 봉건 잔재들이 골탕을 먹으면서 시대의 대세에서 밀려남에 따라 그들의 정치적, 사회 문화적 이념도 한풀 꺾인다. 이렇게 새로운 사회 이념이 득세하는 판 속에서 탈춤의 내용도 오늘날 전해지는 모습으로 자리를 잡게 된 것이다.

전환기의 새로운 시대상을 반영하고 있는 탈춤에서 새롭게 떠오르는 중심 인물은 아무래도 취발이나 말뚝이(쇠뚝이)일 것이다. 이들은 기존의 질서 체제를 마지막 부여잡고 있는 세력과 맞붙어 이들을 넘어뜨리거나 에돌아서 뒤통수치는 일을 능사로 삼는다. 노장과 몸싸움에서 취발이가 이기고, 양반과의 말싸움에서는 말뚝

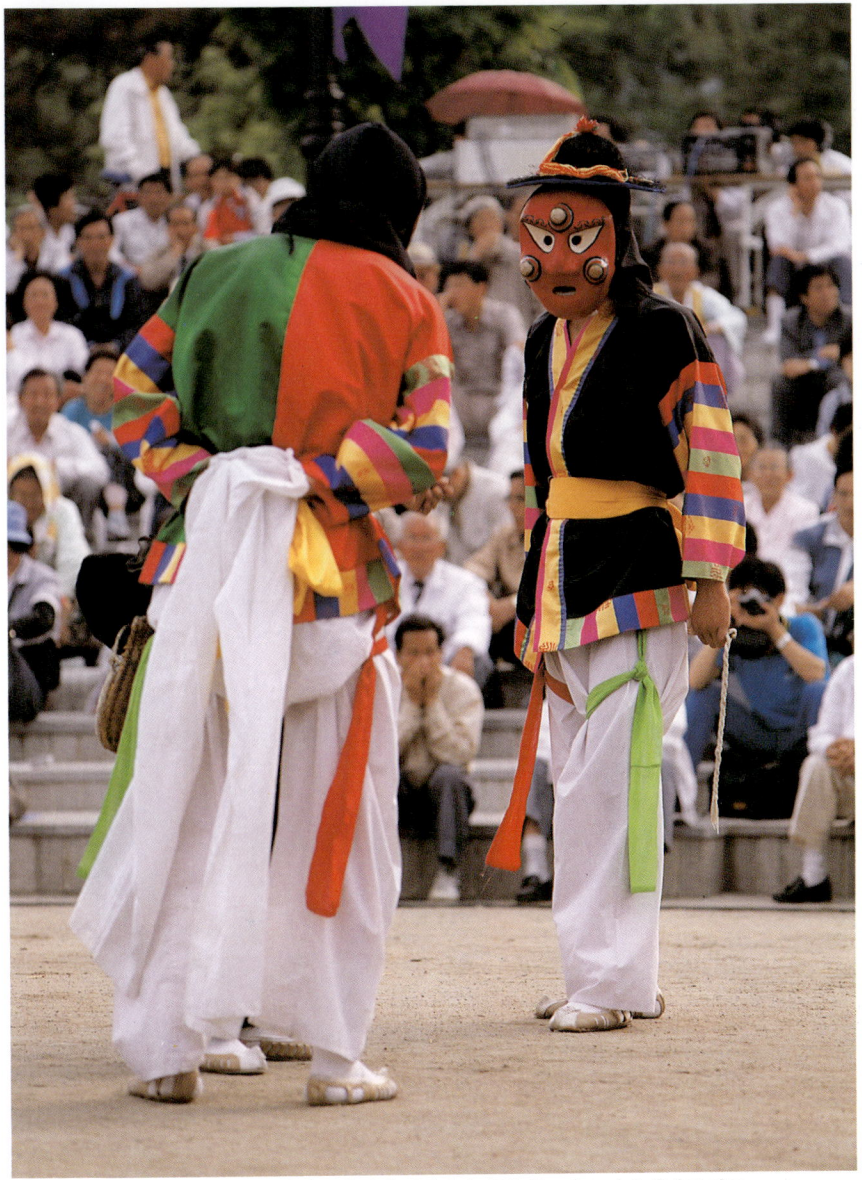

은율탈춤의 최괄이와 말뚝이 은율탈춤에서 최괄이와 말뚝이는 서로 만나 상의도 하고 친분도 깊다. 양반 마당, 노승 마당, 영감·할미 마당에 계속 등장하면서 민중 편에 선 재판관적 역할을 한다.

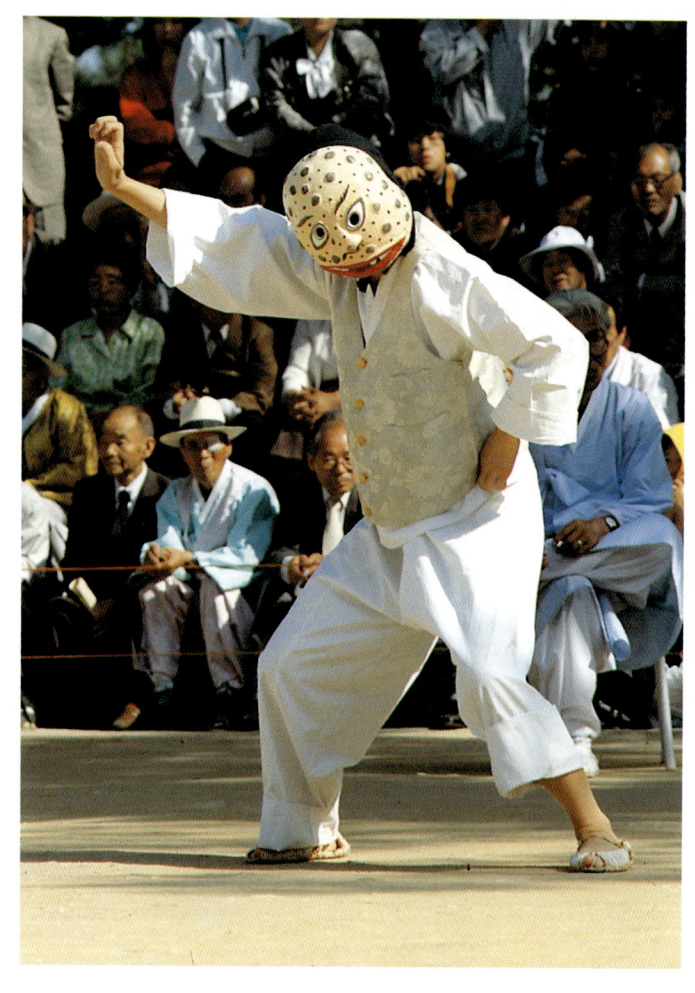

동래들놀음의 문둥이춤 들놀음이나 오광대의 문둥이춤은 낙동강 유역의 병신춤 또는 병신굿놀이와 밀접한 관련 속에서 전승되어 왔다. 문둥이춤에서 관중은 문둥이가 느끼는 육체 해방의 자족감에 대리 만족해한다.

이가 앞선다. 막강한 정력과 기지에 찬 화술로 민중의 상대자를
몰아붙이는 것이다.

탈춤의 근대적인 세계관은 관념적 도덕률이나 신분적 특권에
대한 비판뿐만 아니라 여성에 대한 남성의 횡포를 비판하는 데에서
도 잘 드러난다. 영감을 사이에 두고 본처인 미얄할미(할미광대)
와 첩인 덜머리집(제밀주) 사이에 갈등을 빚는 것이나, 자식들인
도끼나 도끼누이 사이에 갈등을 빚는 것은 사회 구성의 최소 단위로
서 한 가족의 구성원이 시대적 상황 속에서 어쩔 수 없이 겪게 되는
전근대적 가정 윤리의 자기 해체 과정이다.

지역에 따라 내용 전개상 약간 차이가 없지는 않지만 어느 탈춤에
서나 대체로 공통되고 있는 이런 내용은 서민층의 곤궁한 삶의 역사
가 얼마나 뿌리깊은가를 보여 주면서 한편 사회적으로 구조화된
봉건 윤리가 이제야 끝판에 다다랐음을 아울러 말해 준다.

사회적 질곡의 틈바구니에 치여 미얄할미는 허망하게 죽는다.
그러나 이렇게 초라하게 죽어가는 이름없는 민중의 죽음이야말로
전근대적인 인간 억압에서 세계 본연의 인간 해방으로 이 세상을
들어올리는 지렛대가 된다.

새로운 사회를 앞장서 주도하는 진보 세력의 추진력 속에는 역사
의 그늘진 구석에서 있는 듯 없는 듯 하잘것없는 인생 군상의 숨은
힘이 뒷받침하고 있다. 취발이와 말뚝이는 수많은 할미의 이름없는
죽음 속에서 거듭난다고 할 수 있다. 탈춤을 조금만 유의해 보면,
할미와 같이 이름없는 인물들이 널려져 있어 주역 인물의 행위를
부추기고 있음을 알 수 있다.

사회의 밑바닥에서 구걸 행각을 벌이는 문둥이나 병신, 각설이패
가 그렇고, 비슷한 처지에서 노래와 춤과 몸을 팔고 사는 사당패,
소무, 왜장녀, 애사당 등이 그렇다. 술집 여자이던 덜머리집, 제밀주
(제대각시), 서울애기 등 첩살이도 그렇고 백정, 봉사, 돌팔이 의

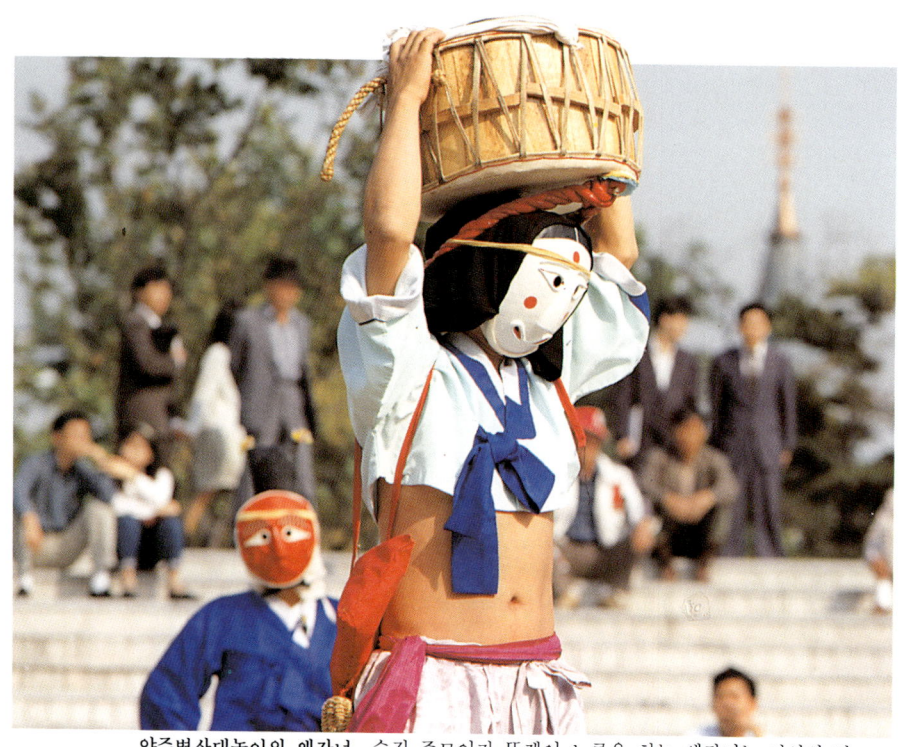

양주별산대놀이의 왜장녀 술집 주모이자 뚜쟁이 노릇을 하는 왜장녀는 자신의 딸 애사당을 뭇 남자에게 돈을 받고 몸을 팔도록 한다. 허리를 내어 놓은 채 양주 특유의 빠른 세마치 장단에 맞춰 배꼽춤을 춘다.

원, 포수 등도 이들과 멀지 않다. 떠돌이 장돌뱅이인 신장수나 옹생원, 상좌나 목중 등 한량끼있는 파계승, 나아가 도끼나 도끼누이, 미얄할미까지도 마찬가지이다. 이들을 모두 한통속, 같은 인물 유형으로 볼 수는 없다고 하더라도 이들 대부분은 몰락 양반의 후예이든 일반 서민이든 천민이든 한결같이 사회의 밑바닥에서 예나 이제나 따돌림받는 하루살이 유랑 인생 군상들이다. 비정상적인 사회 구조의 틈바구니 속에서 삶의 터전을 잃고 뿌리 뽑힌 채 기존 질서를 위해할 우범 가능자로 몰려 언제 어떻게 어디로 흘러갈지 모르는 뜨내기 인생군으로서 어두운 세상의 한 귀퉁이에서 초라하고 덧없이 살다 가 이름없이 죽어갈 소외 군상인 것이다.

이들의 삶은 문둥이 마당이나 애사당 마당처럼 독자적인 한 마당을 차지하기도 하지만, 대부분은 민중의 삶의 표현이라는 탈춤에서조차 있으나마나 미미한 존재로 큰 인물에 빌붙어 따돌림받고 있을 뿐이다. 그러나 이들의 삶과 크게 다르지 않은 변강쇠가(가루지기타령)의 주인공들이 비극적 삶 속에서도 강인한 웃음을 내보이고 있다는 사실을 여기에 끌어대지 않더라도 탈춤의 유랑 인생군은 새로운 의미를 부여받아 마땅하다.

이를테면 소무를 가운데 둔 노장과 취발이의 싸움이 희극적 갈등의 요체이고 취발이의 승리가 바로 민중적 승리라 하더라도 이들의 싸움은 소무가 없이는 이루어질 수도 해결될 수도 없다. 소무 쪽에서 보면 노장이나 취발이는 차라리 뜨내기 손님일 뿐이다. 소무와 살림을 차리고 아이를 낳음으로써 취발이의 승리가 굳혀진다고 하더라도 소무가 정착되지 않고서는 취발이는 관념으로만 승리한 것일 뿐 또 다른 싸움을 되풀이할 수밖에 없다. 열쇠 고리는 소무에게 있다. 여성적인 것의 권리 회복이 세계 운행의 질서 회복이다.

역사의 겉에는 빙산의 일각처럼 노장과 취발이의 갈등만이 부각되나 역사 속에는 소무의 삶이 덩어리져 있다. 소무의 존재야말로 탈춤의 극적 전개, 나아가 이를 통해 보는 역사적 진보의 견인차인 것이다.

소무의 삶은 구비인 채로 흘러간다. 이름없는 민중 군상이 어두운 속 구비적인 삶을 뚫고 역사의 전면에 자신의 모습을 드러낼 또 다른 전환기는 언제일 것인가. 취발이 아이의 출생에서 보듯이 새로운 전환으로서 새 세계상을 잉태하고 있는 것 모두가 포태와 출산이고, 이에 이르는 길은 여성적인 원리의 회복에 있다. 여성적인 원리가 권리 회복되는 실천 과정이 곧 세계 개편의 과정이라는 점에서

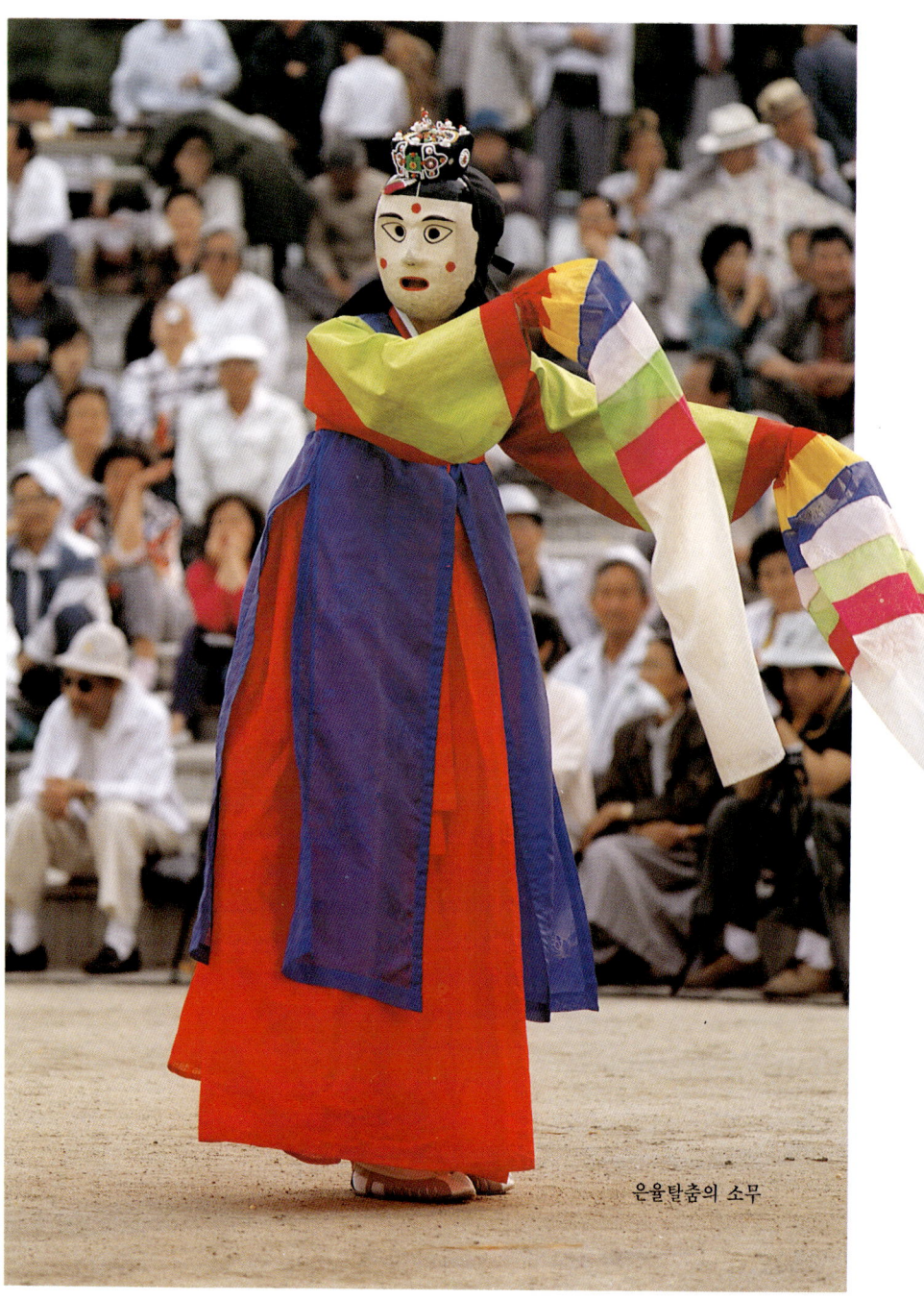

은율탈춤의 소무

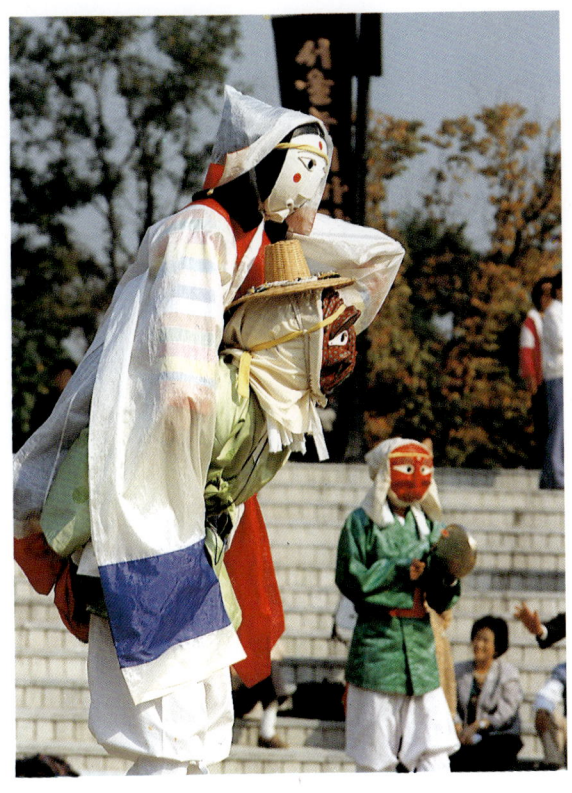

미얄의 죽음과 취발이 아이의 출산은 새로운 의미를 부여받는다. 죽음으로써 새로운 출산의 모태가 되는 바로 여성적인 것의 행로야말로 마당굿으로서 탈춤의 진행 방위이며, 이는 곧 우주 운행의 질서이다. 새로운 세계를 잉태하고 있는 여성적인 길이 곤도(坤道)의 출산력이므로 죽음과 죽임의 반(反)생명적 상황을 뚫고 새로운 생명, 새로운 세계를 포태, 출산하는 천지 해방 살림굿의 도정에서 개인 해방, 노동 해방, 사회 해방, 우주 해방은 실제 상황화한다. 말하자면 이는 대화해 상생(相生) 세계로서 실천적 후천 개벽의 장엄한 대화엄의 민중적 세계관인 것이다.

탈춤 양식의 접근

탈춤의 극구조와 '통일의 다양'

우리는 탈춤 전승의 사회 문화사적 배경 항목에서 공동체 의식의 분화가 탈춤 전승의 원리로서 '통일의 다양화'와 접맥하고 있음을 살펴보았다.

탈춤에서 통일적인 것의 다양화라는 관점을 설정해 보면 다음의 몇 가지 논의를 일관성있게 정리하는 데 유효한 가설이 된다.

갈등 구조

탈춤의 전승사를 기술할 때 역사적 연구와 미학적 연구를 동시 진행시키거나 통합코자 할 때 흔히 '문화 발전의 논리'로서 '갈등 구조'의 원리를 흔히 상정한다.

"탈춤은 마을굿에 기원을 두고 있고 인간과 자연, 인간과 신의 갈등을 주술적으로 해결하려는 굿이 인간과 인간, 인간과 사회의 갈등을 예술적으로 표현하는 극으로 전환되면서 탈춤이 성립하였다"고 하는 것은 이미 정설로 되어 있다. '겨울과 여름의 싸움'이라

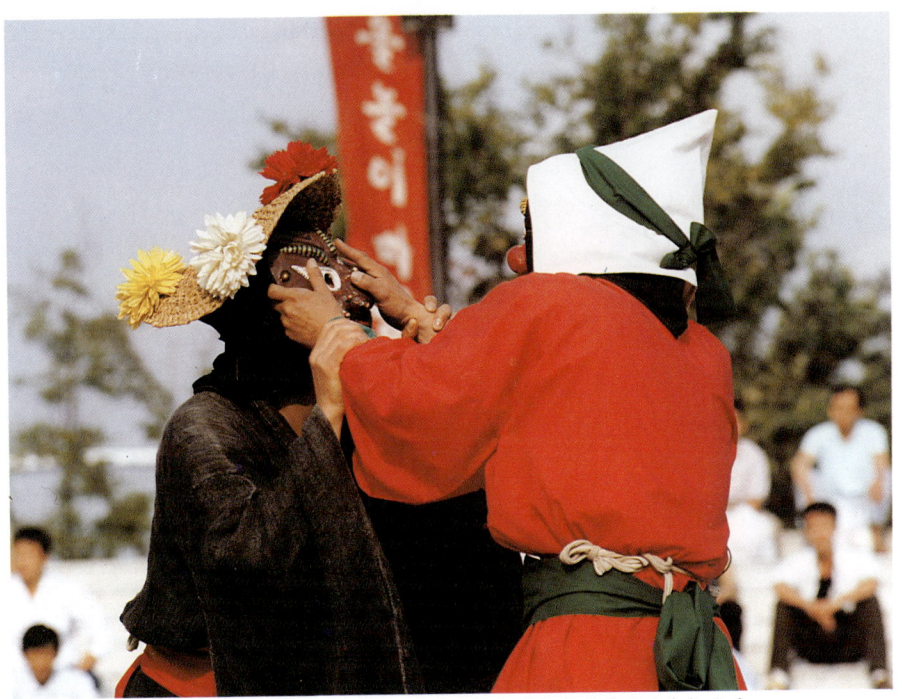

송파산대놀이의 옴중과 먹중 마당 상좌를 쫓아낸 옴중을 먹중이 다시 쫓아낸다. 송파 산대놀이는 1973년 중요무형문화재 제49호로 지정되었다.

는 싸움 형태의 굿과 출산과 풍요를 기원하는 성행위 형태의 굿이 갖는 갈등 구조가 극으로 전환되면서 극적 전개에 적합한 것으로 변모된다. 탈춤에서 소무를 가운데 둔 노장과 취발이의 싸움, 각시를 가운데 둔 샌님과 포도부장의 싸움, 영감을 가운데 둔 본처와 첩의 싸움 등은 이를 이어받은 것이다. 노장 마당, 양반 마당(포도부장놀 이), 할미 마당 등이 "여러 탈춤에 두루 나타나고 그 구체적인 전개 마저 유사하다고 하는 사실은 무엇보다 탈춤의 모체였던 굿 자체의 특징에서 유래한 것이며, 탈춤 발전의 사회적 여건 및 이와 관련된 주제 의식의 공통성을 근거로 이루어졌으리라"(조동일 「탈춤의 역사와 원리」)고 보여진다. 그리고 '포수의 잠적에 의한 변화'로서 사자춤이 나타나고 '포수의 변신에 의한 변화'로서 말뚝이나 취발이가 등장하는 것 등에서 볼 수 있듯이 갈등 구조는 "극적 의미의 표현에 적합한 방향으로 개조할 수 있으며, 개조는 서로 다투는 두 세력이 가지는 관계의 의미를 역전시키는 방향으로 진행될 수 있다" 더구나 이러한 갈등에는 '대상과 자아의 싸움'인 외적 갈등뿐만 아니라 "중 아닌 자아가 중인 자아를 부정하고, 중인 자아가 중 아닌 자아를 부정하면서 생기는" 내적 갈등도 있게 되어 갈등 자체가 분화되기도 한다. 그리하여 "탈춤의 각 마당 사이의 공통점에서 탈춤의 갈등 구조가 공식적인 성격을 가진다는 사실이 확인되고 그 차이점에서 공식적인 갈등 구조라도 필요에 따라 여러 방향으로 전개될 수 있어 공식성이 곧 창의력의 저해라는 견해는 성립되지 않는다"(조동일, 앞 책).

굿에서 극으로, 극에서 극으로 전환되어 온 탈춤의 전승사는 갈등 구조라는 '공통성 또는 공식성'이 상황에 따라 전개, 개조되고 잠적하거나 변신하여 여러 방향으로 분화되면서 창의력을 발휘하는 공식적인 전개 방식 또는 기본 원리의 발전사라고 할 수 있다.

공식성의 창의적 전개라는 점에서 그것은 바로 통일의 다양화라고 달리 표현될 수가 있다. 다시 말하면 탈춤 전승사는 갈등 구조라는 통일적인 원리가 분화되고 다양화되어 가는 역사적 전개인 것이다. "탈춤에서 새로운 창조도, 이미 있어 온 장면들이 지닌 탈춤의 문법에 따라 이루어지고, 있어 온 전통을 발전시키면서 이루어질 수 있다"(조동일, 앞 책). 이때의 '문법'이란 갈등 구조라는 통일적인 원리를 가리키는 것이다. '있어 온 전통의 발전'이란 지속성 속의 자유 분방한 창의력이다. 갈등 구조라는 지속적인 문법 전통 속에서 탈춤은 열린 구조 가운데에서 자유롭게 자신을 변화시킬 수 있다.

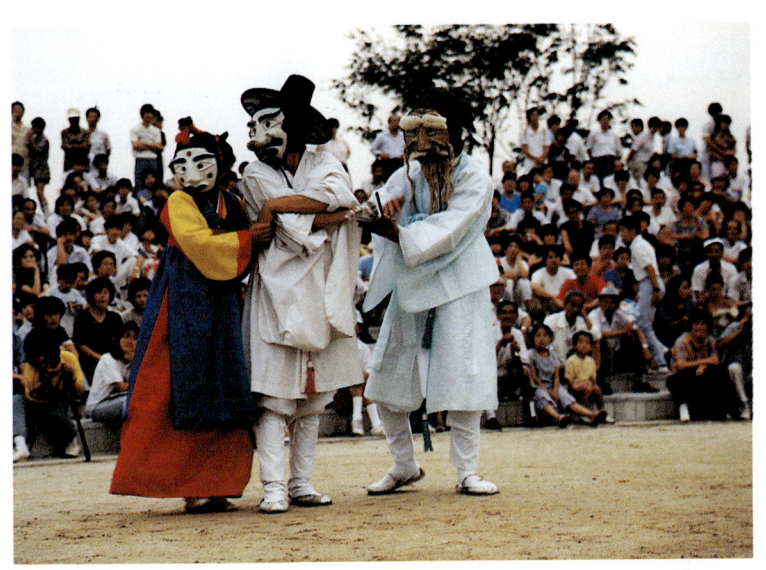

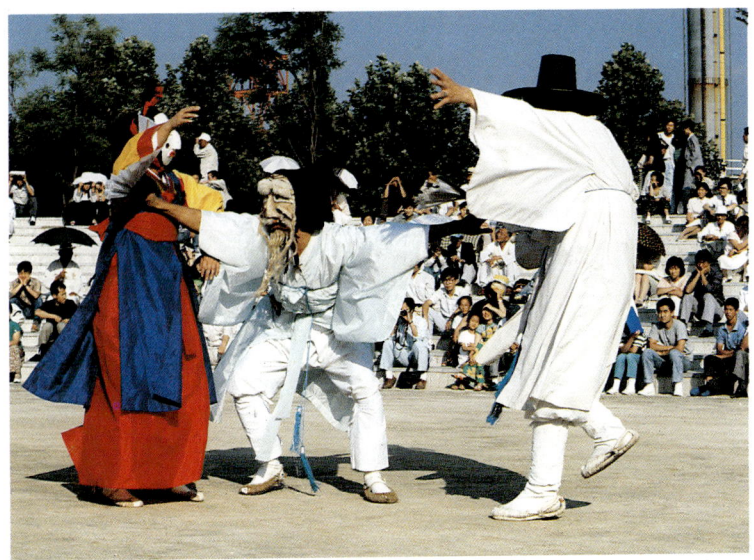

송파산대놀이의 샌님·미얄할미·포도부장놀이 샌님의 본처인 미얄할미가 첩인 소무에게 밀려나 나가면 샌님과 소무가 다시 어른다. 이때 젊고 힘있는 포도부장이 등장하여 소무와 붙어지낸다. 샌님은 둘 사이를 떼어 놓으려다 힘에 부쳐 늙음을 한탄하며 퇴장하고 만다.(맨 위, 위)

저장된 실체의 가변성

"가면극에 있어서 극적 상황이 가지는 변화는 상황 그 자체가 변화해서 생기는 것이 아니라 이미 저장되어 있는 상황에 변이(變異)를 가함으로써 생긴 변화이다. 이러한 극적 상황은 가면극 속에 널리 저장되어 있는 상황일 뿐만 아니라 관객들 의식 속에도 익히 저장되어 있는 저장된 상황이다"(김열규「현실 문맥 속의 탈춤」).

통일적인 것의 다양화란 바로 '동일한 것의 변화'임을 뜻하고 '저장된 상황의 가변성'이라고 할 수 있다. 이는 "민간 전승이 변이로서 존재한다"는 일반 법칙에 유래되어 있다. 이에는 탈의 전승 문제가 좋은 예가 된다. 탈춤의 탈은 연희가 끝나면 대부분 무속적인 관습에 의해 소각되었는데 이의 형체는 탈 제작자의 의식 속에 '저장된 상황'으로 전승되어 내려 온 것이다. 그러므로 다시 제작될 경우에는 저장된 실체에 '변이'가 이루어질 것은 분명하다. 곧 탈의

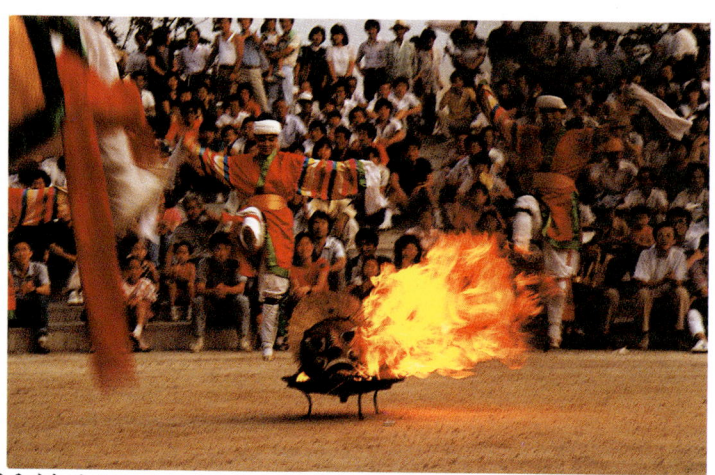

은율탈춤 탈 소각 놀이가 끝나면 사용했던 탈을 불사른다. 탈의 형체는 저장된 상황이 되어 다시 만들 때의 기본틀이 된다. 만들 때마다 조금씩 달라지게 마련이어서 탈의 전승 원리는 '유형성 속의 변이'이다.

형체란 가변성을 지닌 저장된 상황인 것이다.

　우리는 여기서 저장된 실체라는 말을 전형성이라는 말로 바꾸어 볼 수 있다. 여기서 전형성이란 문예 미학에서 말하는 '부분 집합의 총체성'과 뜻을 함께 하면서도 유형적 '정형성'의 개념에 가까운 것이다. 탈춤의 변화는 전형성에 변이가 가해짐으로써 가능하다. 모든 연희는 변이를 속성으로 갖는다. 일회적이고 형체가 없는 연희는 같은 연희자라 하더라도 연희할 때마다 조금씩은 달라지게 마련이다. 그러나 이러한 변이는 굳건한 전형성의 틀 속에서 이루어진다. 변이가 전형성을 앞지를 수는 없다. 그러나 전형성은 일회적인 판의 현장적 계기가 수없이 되풀이된 뒤에 굵은 유형으로 남는 하나의 틀이다. 일회적인 현장성이 되풀이되지 않고서는 전형성은 얻어지지 않는다. 이러한 전형성을 토대로 변이로서의 즉흥성이 창출된다. 이때의 전형성은 통일적인 것이고 전형성을 토대로 한 즉흥적인 변이는 통일적인 것의 다양화이다. 전형성과 즉흥성은 일회적인 판의 현장에서는 서로 얽물리는 관계이다.

　전형성은 처음에 일상 생활 현실에 대한 비판적 인식에서 창출된 것으로서 현실을 모방하는 행위가 변증 관계 속에서 반복적으로 지속되면서 유형화된 틀을 이루게 된 것으로 보여진다. 그러나 일상적인 것에 대한 비판적 인식은 이미 일상 생활의 터에서 수행되고 있어 탈춤에서 인식의 대상이 되고 있는 것은 연희자에게서나 관중에게서나 동일한 일상 생활의 모습이다. 일상 생활에 대한 공동의 동질적 문제 의식을 그들 모두가 이미 갖추고 있어 인식상의 전형성은 저장되어 있는 상황일 뿐이다.

　일상 생활화된 이러한 전형성은 비단 내용뿐만이 아니라 표현 형식에 있어서도 적용되는 문제이다. 극 내용이나 춤 그리고 탈의 형체 속에는 이미 일상 생활 속에서 인식 과정이 수행되어 그 의미는 숨어 있고 에피소드나 사건에 딸린 사소한 것들은 거의 없어져 핵심적인 본질만 부각되어 있기에, 탈춤에 나오는 사건의 당사자가 아니거나 개인적인 사건만을 고집하고 있어 연희 공동체의 일원이 아닌 사람에게는 그것에 대한 이해를 어렵게 만드는 것이다. 특히 춤의 경우 그 의미를 파악하기 어려운 것은 사건 해명을 위한 통로였던 모방적인 동작에서 설명적인 것 또는 비본질적인 것이 제거되고, 일상적인 것을 토대로 하되 일상성을 총체적으로 비약시키는 변증법적 부정을 수행하고 난 것이기 때문이다. 몸짓에서 춤으로, 재담에서 노래로, 사실적인 수법에서 표현적인 수법으로, 자연과학주의에서 이상주의로 질적으로 비약하여 표현상의 전형성을 얻게 되는 것도 이러한 관점에서 살펴볼 수 있다. 춤은 공동체의 일원 곧 동질적인 생활을 영위하는 사람들에게만 그리고 공동의 문제를 공유하고 있는 사람들에게만 그 의미가 파악되는 것이다. 또한 그들에게는 그러한 의미의 파악조차 긴요하지 않게 된다. 탈춤은 공동적인 생활을 영위하고 공동 인식의 지속적인 통로를 이미 밟아온 이들만의 것이다.

브레히트의 서사극이 지식을 중재하고 보다 명료한 인식의 도달을 목표로 하나의 상황을 역사화하여 무대가 사건을 규명해 나가는, 이를테면 변증법적 진행 과정선상에 있는 사건 해명극 또는 현실 인식극이라면 탈춤은 변증법적 과정의 마무리인 '합(合)'의 단계에서 출발하고 있는 사건 향유극 또는 현실 해소극이라고 할 수 있다.

탈춤은 변증법적인 서사극에서와 같은 현실 인식의 과정을 이미 익히 생활 현장에서 수행해 온 공유되어 있는 내용의 것이다. 그러한 현실 인식의 내용이 저장된 상황이 되어 다양한 변이로서 전승되어 오는 것이다. 탈춤이 전형성의 자유 운동으로서, 통일적인 것의 다양화가 지속성 속의 개방성으로서 존재하고, 이러한 존재 방식 자체가 곧 전승의 원리라고 보는 것은 그러한 근거 때문이다.

봉합적 연산 구조

각 지역에 분포되어 있는 탈춤의 연회 내용을 마당별로 나누어 제목을 붙여 보면 다음과 같다.

탈춤 이름	탈춤의 마당별 제목
하회별신굿 탈놀이	강신(降神)
	첫째 마당, 주지놀음
	둘째 마당, 삼석놀음
	셋째 마당, 파계승 마당
	넷째 마당, 양반·선비 마당
	다섯째 마당, 살림살이 마당
	여섯째 마당, 살생 마당
	일곱째 마당, 환재(還財) 마당
	여덟째 마당, 혼례 마당
	아홉째 마당, 신방(新房) 마당
	헛천 거리굿
양주별산대놀이	길놀이(거리굿)
	서막 고사
	첫째 마당, 상좌춤
	둘째 마당, 옴중과 상좌
	셋째 마당, 목중과 옴중
	넷째 마당, 연잎과 눈끔적이
	다섯째 마당, 8목중
	첫째 거리, 염불놀이
	둘째 거리, 침놀이
	셋째 거리, 애사당 법고놀이
	여섯째 마당, 노장
	첫째 거리, 파계승놀이
	둘째 거리, 신장수놀이
	셋째 거리, 취발이놀이
	일곱째 마당, 샌님
	첫째 거리, 의막사령놀이
	둘째 거리, 포도부장놀이
	여덟째 마당, 신할아비와 미얄할미
송파산대놀이	첫째 마당, 상좌춤
	둘째 마당, 옴중과 먹중
	셋째 마당, 연잎과 눈끔적이
	넷째 마당, 애사당 북놀이

탈춤 이름	탈춤의 마당별 제목
송파산대놀이	다섯째 마당, 8먹중 곤장놀이(염불놀이) 여섯째 마당, 신주부 침놀이 일곱째 마당, 노장춤 여덟째 마당, 신장수놀이 아홉째 마당, 취발이놀이 열째 마당, 말뚝이·의막사령놀이 열한째 마당, 샌님·미얄할미·포도부장 열둘째 마당, 신할아비와 신할미
봉산탈춤	첫째 마당, 4상좌춤 둘째 마당, 8목중춤 첫째 거리, 목중춤 둘째 거리, 법고놀이 셋째 마당, 사당춤 넷째 마당, 노장춤 첫째 거리, 노장춤 둘째 거리, 신장수춤 셋째 거리, 취발이춤 다섯째 마당, 사자춤 여섯째 마당, 양반춤 일곱째 마당, 미얄춤
강령탈춤	첫째 마당, 사자춤(원숭이춤 포함) 둘째 마당, 말뚝이춤(일명 첫목춤) 셋째 마당, 목중춤 넷째 마당, 상좌춤 다섯째 마당, 양반춤 여섯째 마당, 노승춤 첫째 거리, 8목중춤 둘째 거리, 노승춤 셋째 거리, 취발이춤 일곱째 마당, 미얄할미·영감춤
은율탈춤	첫째 마당, 사자춤 둘째 마당, 헛목(상좌)춤 셋째 마당, 8목중춤 넷째 마당, 양반춤 다섯째 마당, 노승춤 여섯째 마당, 영감·할미광대춤
동래들놀음	앞놀이 군무(群舞) 마당 첫째 마당, 문둥이 마당 둘째 마당, 양반 마당

탈춤 이름	탈춤의 마당별 제목
동래들놀음	셋째 마당, 영노 마당
	넷째 마당, 할미 마당
수영들놀음	앞놀이 군무 마당
	첫째 마당, 양반 마당
	둘째 마당, 영노 마당
	셋째 마당, 영감 · 할미 마당
	넷째 마당, 사자 마당
통영오광대	첫째 마당, 문둥탈 마당
	둘째 마당, 풍자탈(말뚝이탈) 마당
	셋째 마당, 영노탈 마당
	넷째 마당, 농창탈(제대각시탈) 마당
	다섯째 마당, 포수탈 마당
고성오광대	첫째 마당, 문둥광대 마당
	둘째 마당, 오광대 마당
	셋째 마당, 승무 마당
	넷째 마당, 비비(영노) 마당
	다섯째 마당, 제밀주 마당
가산오광대	첫째 마당, 오방신장무
	둘째 마당, 영노 마당
	셋째 마당, 문둥이 마당
	넷째 마당, 양반 마당
	다섯째 마당, 중 마당
	여섯째 마당, 할미와 영감 마당
	파지굿(뒤풀이)
덧뵈기	첫째 마당, 마당씻이
	둘째 마당, 옴탈잡이
	셋째 마당, 샌님잡이
	넷째 마당, 먹중잡이

　이같은 마당들은 탈춤의 공통 제재(題材)로서 벽사(辟邪)의 의식무(儀式舞), 파계승에 대한 풍자, 양반에 대한 모욕, 일부 처첩(一夫妻妾)의 가정 비극, 축사 연상(逐邪延祥)의 축원, 서민 생활의 곤궁상 등으로 요약할 수 있다. 이러한 제재는 관념적 허위에 대한 비판, 신분적 특권에 대한 비판, 남성의 횡포에 대한 비판 등의 공통

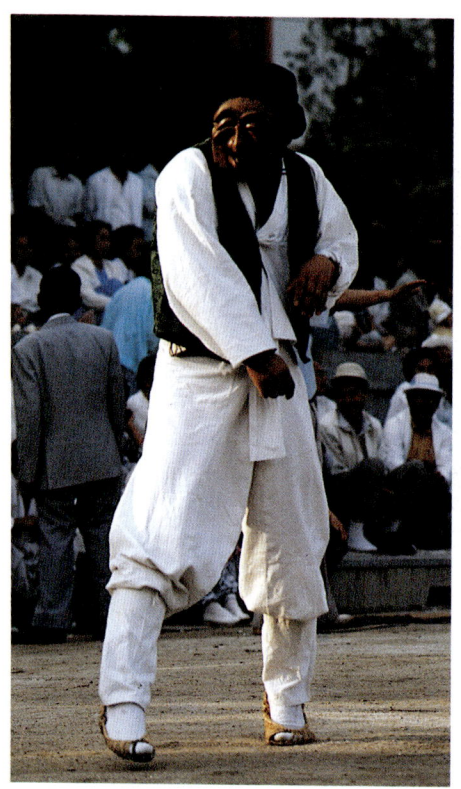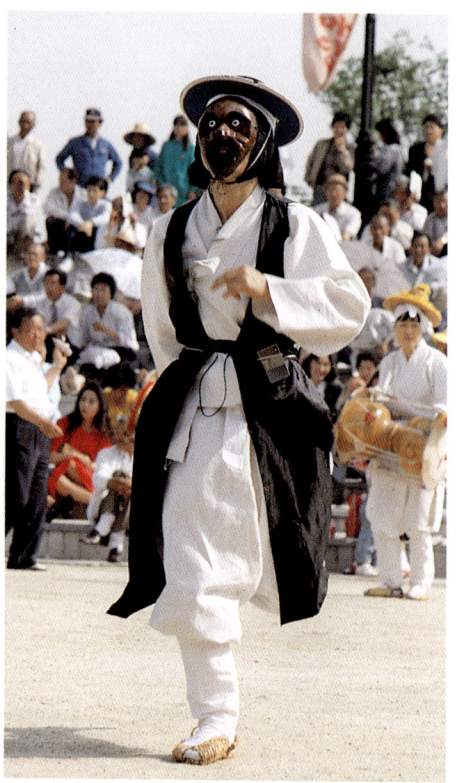

하회별신굿 탈놀이의 이매와 초랭이   양반의 하인인 초랭이(오른쪽)는 선비의 하인인
이매(왼쪽)와 짝을 이룬다. 이는 나중에 말뚝이나 쇠뚝이와 비견된다.

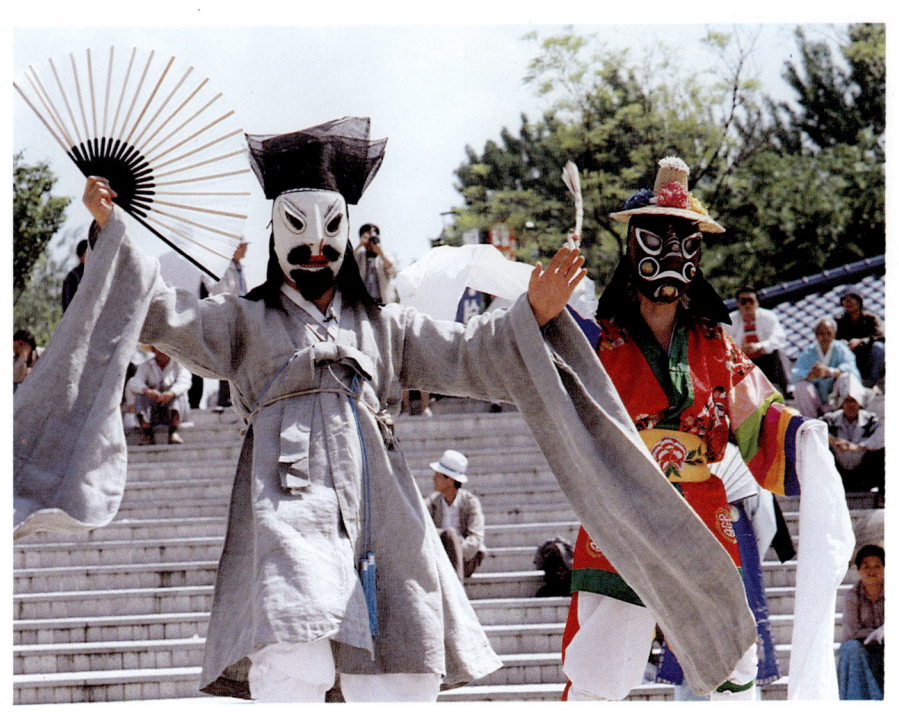

강령탈춤의 양반춤 마당 탈춤의 각각의 마당들은 벽사의 의식무, 파계승에 대한 풍
자, 양반에 대한 모욕, 일부 처첩의 가정 비극, 서민 생활의 곤궁 등을 공통 제재로
갖는다. 이러한 제재는 현실에 대한 민중의 성장된 비판 의식이라는 통일성으로 모아
지는데, 이 비판적 현실 향유라는 통일성이 각각의 서로 다른 주제별로 내재적으로
분화되어 간다.

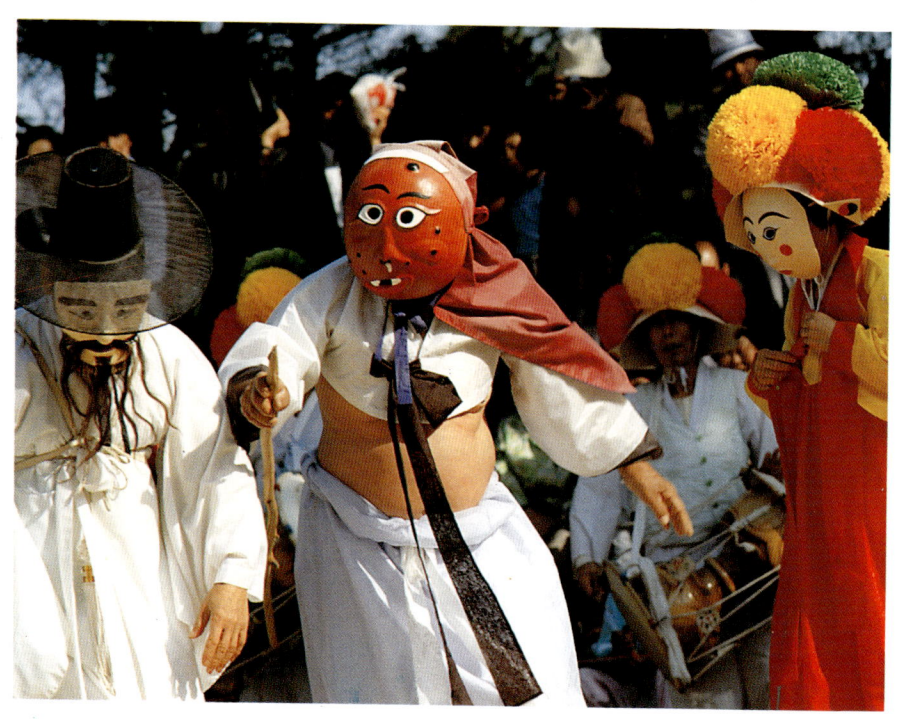

동래들놀음의 할미 마당 영감을 가운데 두고 본처인 할미와 첩인 제대각시가 다툰
다.(위)
강령탈춤의 미얄할미(옆면 위)
강령탈춤의 미얄할미·영감춤 영감을 가운데 두고 미얄할미와 덜머리집이 싸우고 있
다.(옆면 아래)

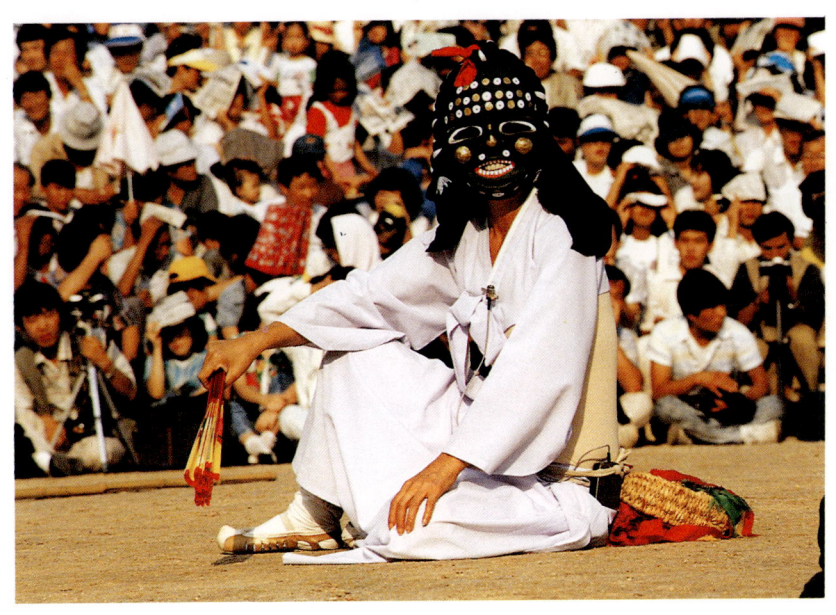

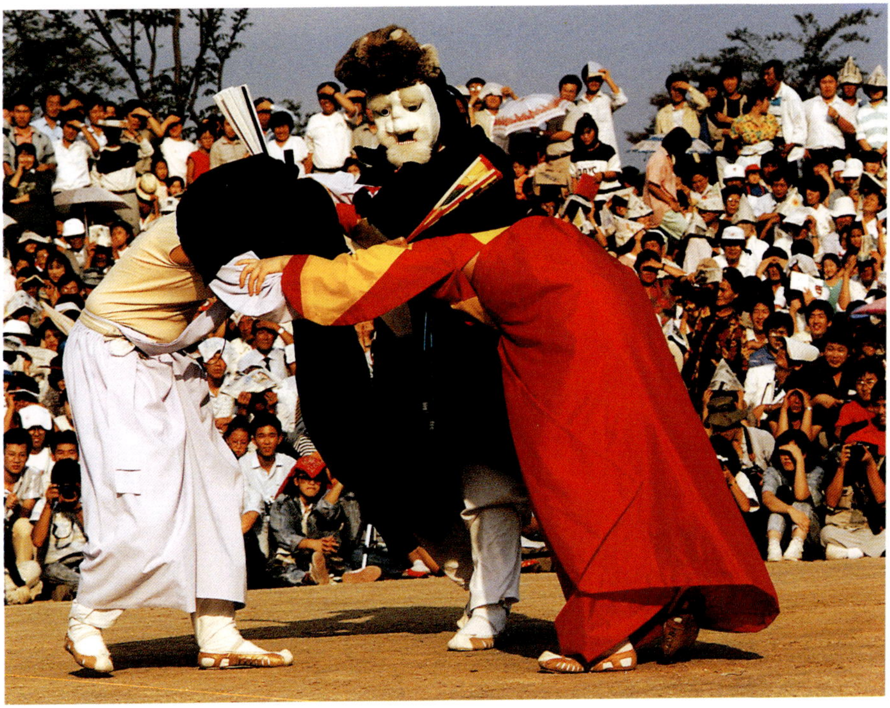

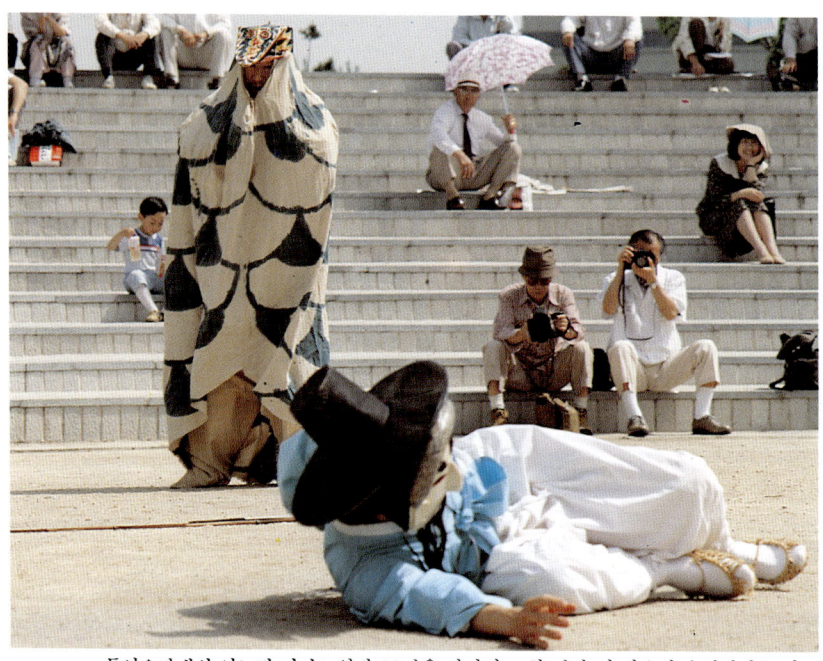

통영오광대의 영노탈 마당 양반 99명을 잡아먹고 한 명만 더 먹으면 승천한다는 영노 앞에 비비양반은 질겁을 한다.

주제로 요약된다. 탈춤은 이러한 몇 가지의 제재 또는 "주제별로 된 몇 개의 드라마가 말하자면 옴니버스 스타일로 한 테두리 속에 들어 있다"(이두현「한국의 탈춤」).

탈춤에서 이러한 몇 가지 제재와 주제는 현실에 대한 민중의 성장된 비판 의식이라는 통일성을 지니는데, 바로 이 비판적 현실 향유라는 통일성이 그 각각의 서로 다른 주제별로 내재적으로 분화되고 다양화되어 있다. 서로 다른 주제를 다루고 있는 각 마당(科場)은 분절되어 있어 독립성을 유지한다. 한 마당은 한 탈춤 속에 놓여 있으나 한 탈춤이 지향하고 있는 공동 목적을 향하여 독자적으로 활약하고 어디에도 구애됨이 없이 자유롭게 존재한다. 부분이 전체를 위해서 구속되어 봉사하는 것이 아니라 부분이 전체 속에서 전체를 대표한다. 그러므로 각각 상이한 마당은 독자적으로 분리되어 공연될 수 있고, 또 공존하여 한꺼번에 보여질 수도 있는 것이다. 몇 개의 마당만 선택적으로 공연되어도 무방하다. 각 마당 사이에 논리적 필연성이 없어 관중은 사건 전개의 결말에 초점을 맞추지 않고 사건 전개의 과정에 초점을 맞춘다. 또 몇몇 마당이나 대목만 보아도 좋다. 그러기에 탈판을 들락거리며 자유롭게 구경하여도 된다. 또한 보지 않은 마당이나 대목이라고 해서 그 내용이나 진행 과정을 모르는 바도 아니다. 탈춤이 사건 규명극이라기보다는 사건 향유극이고, 현실 인식극이라기보다는 현실 해소극에 가깝다는 것은 탈춤이 스토리 텔링식과 같은 사건 전개상의 필연성이 크게 문제가 되어 있지 않다는 점을 강조하고 있는 말이 된다. 관중은 극의 흐름을 잘 알고 있다. 또한 흐름을 놓쳐도 크게 문제가 안 된다.

한 마당의 구성에 있어서도 장면 장면들이 합리적인 연속성 속에서 하나의 고지를 향해 통일적으로 나아가고 있는 것이 아니라 통일적인 것이 장면 장면으로 다양화되고 분화되어 서로 맞대고 접속하고 있음을 보여 준다. 한 마당에서도 사건 전개가 "각 부분이 순조롭게 연결되고, 전후의 인과 관계가 분명하게 되면서 이루어진 것이 아니다. 앞뒤가 서로 어긋나고 부분들 사이에 불일치 또는 대립이 있다. 부분들 사이의 대립은 작품의 순차적 구조를 만들기 위한 것만도 아니다. 순차적 구조의 이해에서 드러나는 것 이상의 의미가 숨어 있으리라 생각되며 순차적 구조와 함께 병행적 구조를 분석하는 것이 필요하게 된다"(조동일, 앞책). 부분들 사이의 합리성을 따지는 순차적 구조의 파악과 함께 그것보다는 부분들 사이의 불일치와 대립을 중시하는 병행적 구조로서 파악될 필요가 있다는 말은 탈춤의 각 장면이 장면마다 동등한 자격을 가지며 독자적임을 지적하는 말이 된다.

이러한 병행적 구조, 나아가 짜깁기식 봉합적(縫合的) 구조야말로 한 사건을 마무리하고 끝이 나는 닫힌 구조가 아니라 산과 산이 맞닿은 연산(連山)의 형태와 같이 끝이 바로 시작의 싹이 되는 영원히 열린 구조를 보장해 준다. 변증법적 부정을 그 안에서 무한히 가능케 하는 열린 구조는 지속적인 사유를 가능케 하고 숱한 변화를 포용하여 자유의 지평을 열어 준다. 이것이 절대적 개방성이고 통일적인 것의 다양화의 속성이다. 그것은 곧 모든 것을 수용하여 변용시키는 민중적 운동성이며 창조적 여백이다. 그리고 그것은 탈춤 전승의 원리이기도 하다.

　실제로 탈춤의 관중은 사건에 대한 명확한 규명을 하기 위해 모여들지 않고 사건을 향유하기 위해 모인다. 서사극의 관중은 긴장된 지적 작업을 수행하기를 요구받고 있으나 탈춤의 관중은 놀이판 속에 서슴없이 끼어들어 의사 표시를 하고 공유된 생활의 현실 문제를 해소하는 기쁨을 터뜨리면 된다. 서사극의 뒤풀이가 사회 개조를 위한 현실 투쟁의 지적 행동이라면 탈춤의 뒤풀이는 사회 개조의 예술적 실현에서 오는 민중적 승리의 축전이다.

　통일적인 것이 다양화되어 가는 운동성 속에서 탈춤은 민중의 지속적인 대동놀음판이 될 수 있다. 저장된 상황의 자유 운동은 현실 향유극으로서, 탈춤의 축전으로서 굿성을 보장한다. 비판적 현실 향유로서 축전의 굿성이란 있는 세계에 대한 공동 인식에 기초하고 있으되 다가올 새 세계상을 의식적으로 실현하는 실천 의례라는 말이다. 그것은 곧 '반영'과 '전망'을 아우른 민중적 꿈의 실현이다. 현실 세계란 이미 주어진 것이자 극복 대상이라는 두 가지 인식점을 분명히 하고 있다. 말하자면 탈춤에서 현실이란 있는 현상 가운데 있어야 할 새로운 세계상의 본질 전망을 꿰뚫어 본 연후의 세계이다. 있는 현실 세계 한가운데에서 실현되는 실천 의례란 있음과 있어야 할 것의 변증법적 상생이라는 민중적 세계관을 관통시키는 일이며 그것은 민중적 꿈의 실현이라는 '전망의 실제화'의 뜻이다. 결국 탈춤이란 민중 전망을 매개로 민중 사실을 민중 진실로 전화하는 과정인 것이다.

통일의 다양화란 일자(一者)의 자기 전개 과정이되 개체의 창의적 자주성을 제한하는 것이 아니다. 우주는 다원적 요소가 쌓여 이루어진 것임에 분명하므로 개체는 자주적이되 타자(他者)와의 연관 속에 유기화되어 있다. 개체로도 살고 개체와 개체 사이의 관계로도 산다. 개체의 유기적 연관 관계 속에서는 현실을 떠난 초월 세계는 존재하지 않고 또 현상은 현상만으로 국한되지 않아 모순 속에 보편적 통일을, 거꾸로 통일 속에 모순을 아우른 것이다. 모순은 척결 대상이자 끝없는 대립 속 통일의 씨앗이기도 하다. 그러므로 모순 해방은 자기 해방 과정과 연기화(緣起化)되어 있다. 늘 그러한 자리에서 완성된다는 연기론적 세계관은 탈춤의 민중적 세계관과 맞닿아 있다.

다양의 통일화와 통일의 다양화는 단순한 순차적 단계론일 수 없고 그것은 한 가지로 열두 가지를 말하는 부분과 전체의 연산화이자 민중적 세계관의 자기 실현 과정일 뿐이다. 이에서 전체 속의 부분이 전체를 대표할 수 있다는 관점이 가능해진다. 그리하여 전형의 세분화, 세분화된 전형의 중심 이동이 지속적으로 수행되어 간다. 이는 개인과 집단, 작은 공동체와 큰 공동체의 유기적 상생 관계가 극대화될 때 가능한 일이다. 여기에서 중심 내용의 강화와 관계 주변의 상황화가 동시 진행된다. 연행적 시공간의 자유로운 축소, 확대도 이에서 비롯된다. 탈춤은 적층 문예이다. 있었던 마당과 나중에 끼어든 마당이 역사적으로 공존하고 있고 이들 사이는 유기적 분화로 연결되어 있다. 마당과 마당 사이의 분산, 이동 배치, 들락거림, 이합과 집산은 적층 문예로서 탈춤의 속성이다. 이는 중심적 집단 자아가 자유롭게 수렴, 확산하는 과정의 산물이다. 중심적 집단 자아의 자유 활동은 '나의 3인칭화'라는 '전지(全知)적 시선'을 낳는다. 부분의 독자성이라는 민중 문예의 특성도 이에서 비롯된다.

우리는 여기에서 적층의 방식을 유의해 볼 필요가 있다. 예를 들어 봉산탈춤의 사자춤은 1900년대에 삽입된 것으로 알려져 있다. 어떤 구전 자료에 의하면 사자춤은 미얄할미의 지노귀굿을 할 때 등장되었다고 한다. 그러던 것이 파계승 마당을 마무리짓는 마당으로 이동, 배치된 것이다. 말하자면 불도에 전념하던 노장을 목중들이 파계시킨 줄 알고 목중을 벌 주려고 부처가 사자를 보냈다는 것이다. 스토리 텔링식으로 엮어 일관된 줄거리를 순차적으로 잡아 놓은 자리에 놓이게 된 것이다. 이는 민중적 이야기 엮음 방식의 산물인가, 아니면 1900년대 서양의 사실주의극의 도입 이후 기승전결의 피라미드 구조의 영향 때문인가. 그러나 사자춤 마당은 어디에도 구애받음 없이 독자적인 한 마당을 이루고 있다. 그 앞의 파계승 마당과 연관시켜 연행되어도 좋고, 사자춤만 따로 떨어뜨려 연행되어도 좋다.

산대놀이의 연잎과 눈끔적이 마당도 마찬가지이다. 상좌, 옴중, 목중의 다툼은 부처의 사자로 등장한 연잎, 눈끔적이가 천상살과 지상살을 다루는 막강한 힘을 구사하여 마무리된다. 그러나 연잎과 눈끔적이 마당은 파계승 마당의 하나이면서 스스로 독립적이다.

통일의 다양화는 순차적 구조를 배제하지 않되 순차적 구조에 얽매이지 않는다. 이것이 연산 구조로 접합하고 있는 봉합적 구조이다. 관중은 풍속도첩을 한장 한장 넘기듯 탈춤의 한마당 한마당을 따로 또는 함께 보면 된다.

노장춤

노장은 탈춤의 파계승 마당에 등장하는 중심 인물로서 상좌나 먹중의 우두머리이며 평생을 불도에만 정진하여 도가 높은 노승(老僧)이다.

극중 내용 전개 과정에서 보면 노장은 먹중의 부추김으로 속가에 내려와서 소무라는 미색에 현혹되어 마침내 파계하기에 이르는데, 고답적인 관념의 세계에서 비속한 현실의 세계로 이행하는 과정을 몸짓말에 가까운 묵극적인 춤을 통하여 표현한다. 특히 소무의 능란한 유혹에 빠져 거룩함과 속된 것 사이에 내면적 갈등을 겪다가 이윽고 소무와 결합하여 현실적인 육체성을 구가하는 대목은 응축되고 정제된 표현과 함께 유형화된 연극적 약속의 '이야기춤'으로서 가히 탈춤의 백미라 할 만하다.

한마디 말도 없이 몸짓과 춤으로만 엮어 가는 노장춤은 우리 춤언어가 지니고 있는 의미 전달 체계로서 정확성과 다의성(多義性)을 살펴보고 개발하는 데 핵심적인 연구 대상이 아닐 수 없다.

노장춤은 소무와 관계를 맺는 배역춤의 하나이기도 하지만 한 탈춤을 구성하는 여러 마당 이름 가운데 하나이기도 하다. 또 산대놀이나 봉산탈춤에서는 노장이 중심이 되어 각기 독립된 마당으로 진행되는 파계승놀이(노장춤), 신장수놀이(신장수춤), 취발이놀이(취발이춤)를 하나의 틀거리로 묶어서 노장춤이라고 통칭하고 이들 셋을 각각 하나의 거리(景)로 나누기도 한다.

전승 내용

노장춤 마당은 여러 지역의 탈춤에 두루 분포되어 있으나 내용의 질감상 큰 격차를 보이고 있다. 하회별신굿에서는 중이 등장하여 각시의 오줌 냄새를 맡고 기꺼워하는가 하면, 고성오광대에서는

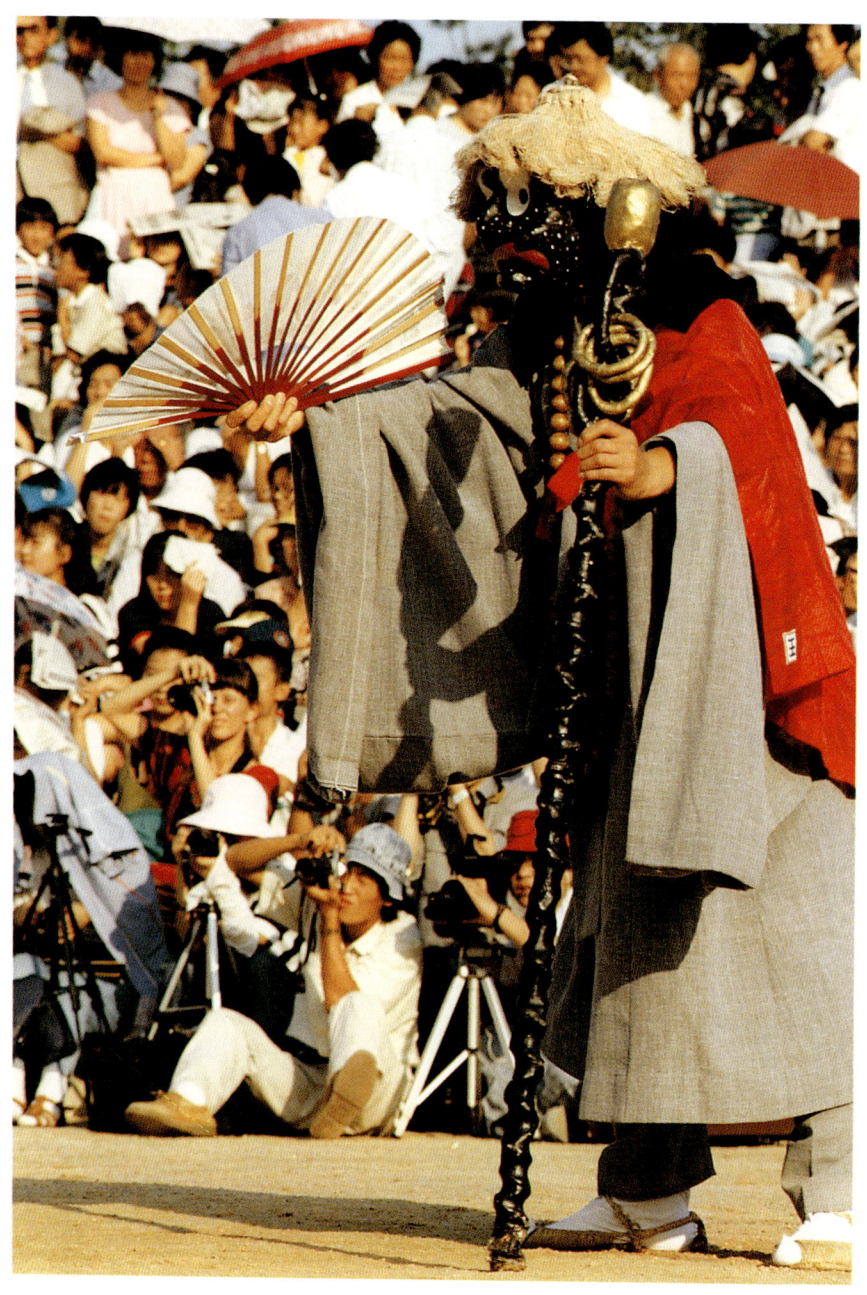

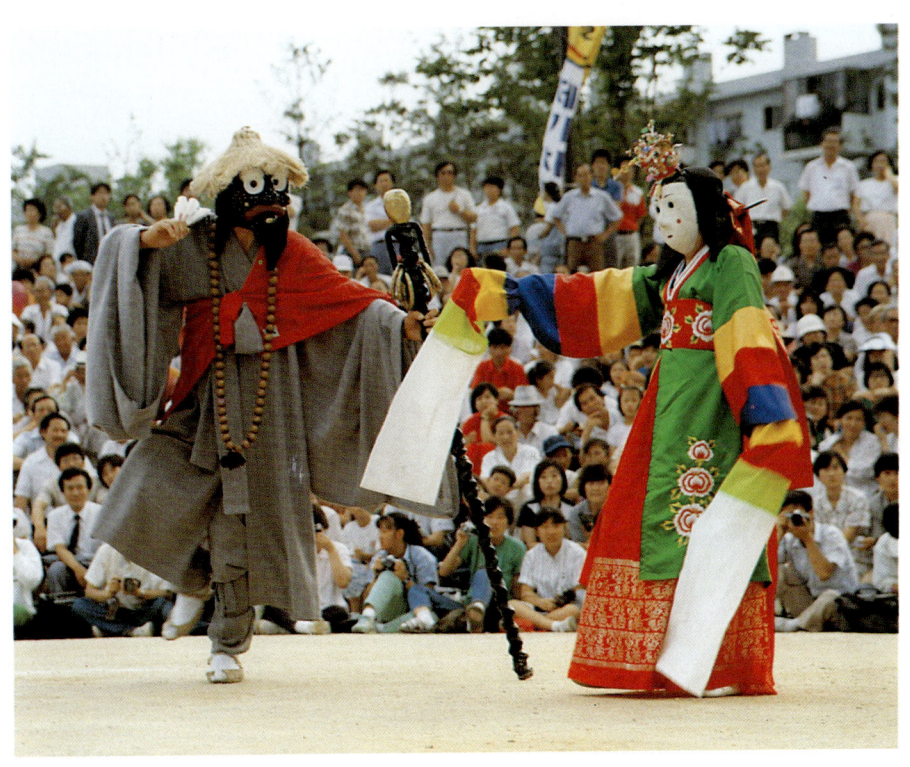

봉산탈춤의 노장춤
  1. 목중에 의해 노장이 판으로 등장하여 소무를 부채 너머로 물끄러미 바라본다.(옆면)
  2. 노장이 소무에게 접근한다.(위)

중이 두 소무에게 접근하여 맞춤을 추고, 통영오광대에서는 상좌중이 제대각시와 노닐다가 한량에게 내쫓긴다. 여기에 나오는 중들은 노장춤의 원초적인 모습일 터이다.

가산오광대에서는 노장이 은가락지로 서울애기를 유혹하여 등에 업고 상좌와 달아나다가 말뚝이에게 잡혀 양반 앞에서 볼기를 맞고 처량하게 신세 타령을 한다.

은율탈춤에서는 노승이 이미 국화주에 취해 비틀거리며 나와 중타령을 하다가 새맥시를 사이에 두고 최괄이와 다투어 그에게 진다. 최괄이는 양반춤 마당으로 넘어와 새맥시와 말뚝이(또는 원숭이) 사이에 낳은 아이를 자기 아이라고 좋아한다.

이렇듯 가산이나 은율에서는 노장춤 마당과 양반춤 마당이 미분화된 채로 얽혀 있다. 노장춤으로서 짜임새가 탄탄한 것은 황해도 탈춤이나 산대놀이이다.

봉산탈춤의 노장춤 마당은 앞에서 보듯 세 거리로 나뉘어 있다. 8목중에 이끌려 등장한 노장은 목중들의 놀림거리가 되고 나서 소무의 유혹에 넘어가 육환장을 버리고 염주를 건네주고는 파계한다. 현실 세계에 눈을 뜬 노장은 소무에게 신을 사 주고 신값 대신 장작짐으로 얼러 신장수와 원숭이를 물리친다. 신장수와 원숭이의 등장은 노장의 파계 과정을 마무리해 주고, 노장이 현실 세계로 넘어온 바를 땅다짐해 주는 삽입 대목이면서 한편 취발이의 등장을 예고해 주는 이음새 또는 '이행적 다리'의 몫을 한다. 취발이가 나타나면 노장은 소무를 지키려고 그에 맞서 힘겨룸까지 벌이나 결국 쫓겨나고 말고 취발이는 돈으로 소무의 환심을 사서 아이를 낳고 글을 가르치며 정착한다.

강령탈춤의 노장춤은 봉산의 것과 비슷하나 신장수거리가 없다. 양주별산대놀이의 노장춤도 내용 전개상 봉산과 비슷하나 단락 구조가 분명하고 한결 안정된 정형성을 보인다. 거기서 노장은 소무

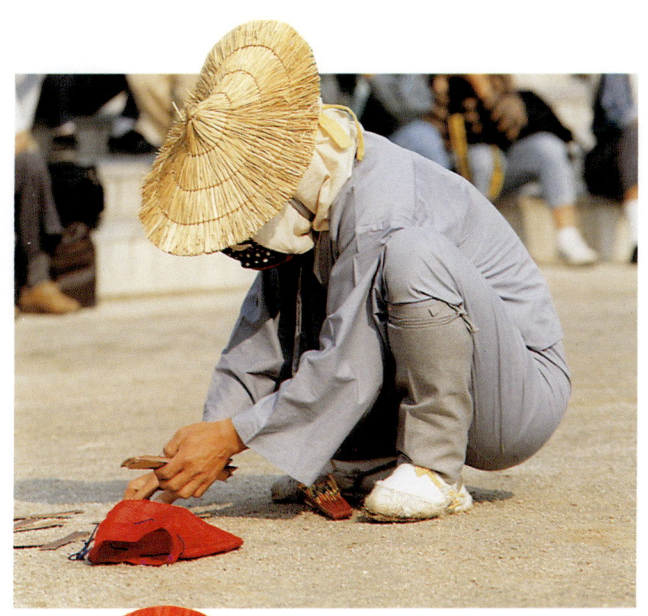

양주별산대놀이 노장춤
1. 노장은 소무한테 거절
   당한 뒤 투전판을 벌인
   다.(왼쪽)
2. 노장이 소무와 함께
   염주를 나누어 걸고
   기꺼워한다.(아래)

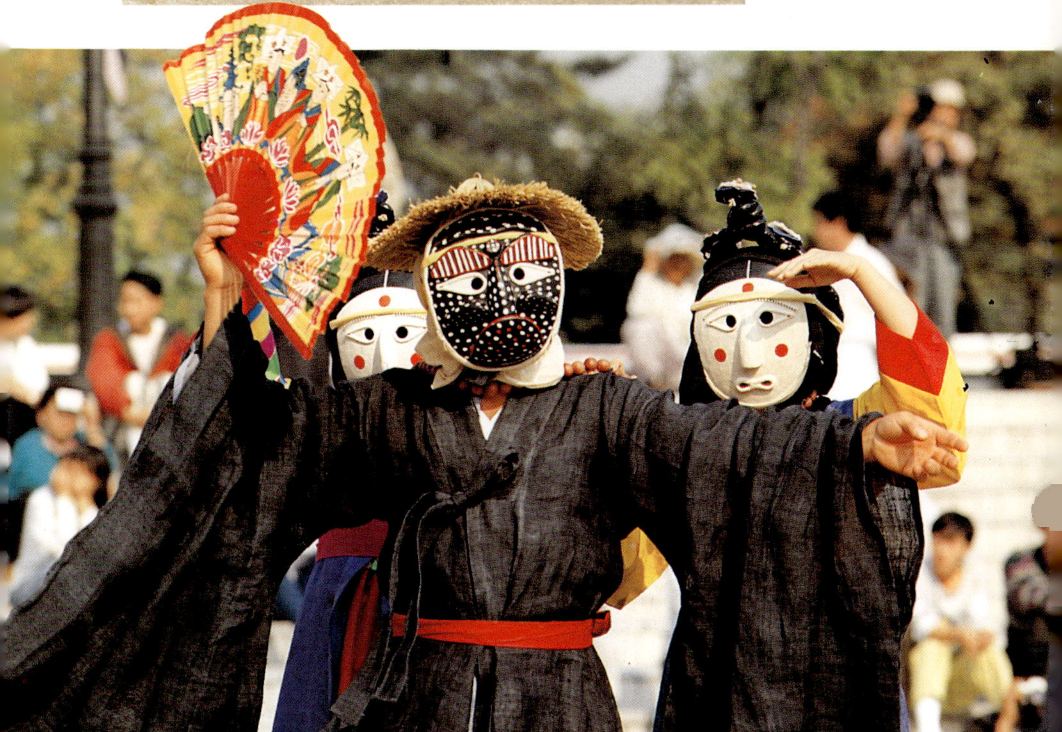

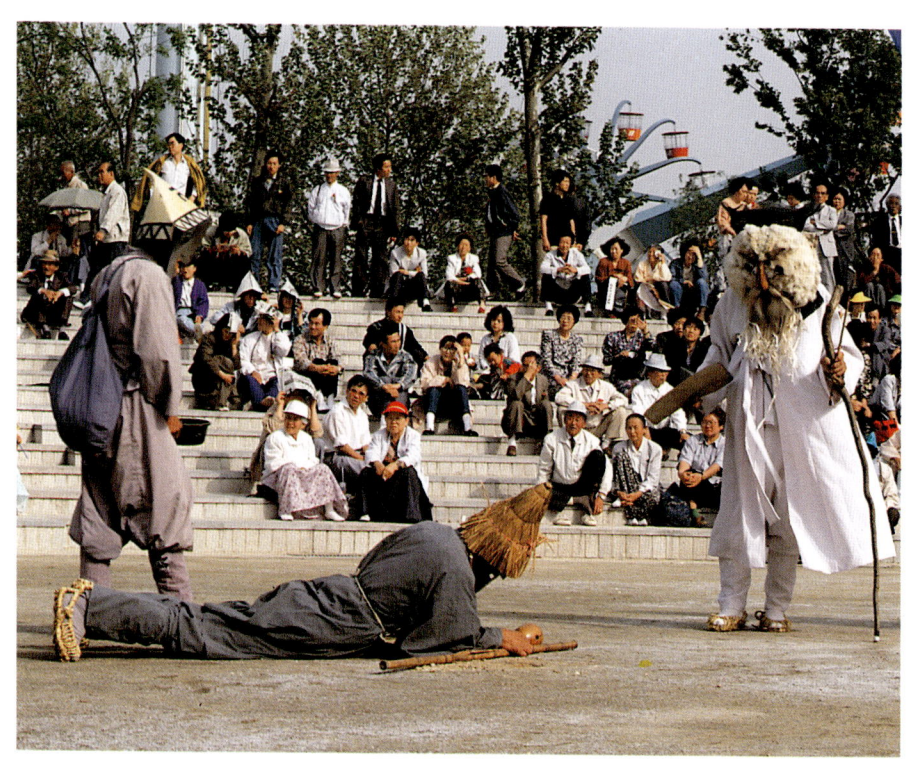

가산오광대의 중 마당 노장이 은가락지로 양반의 첩인 서울애기를 꼬여 등에 업고
상좌와 달아나다가 말뚝이에게 잡혀 양반 앞에서 볼기를 맞고 처량하게 신세 타령을
한다. 가산오광대에서는 은율탈춤처럼 양반 마당과 노장 마당이 미분화된 채로 얽혀
있다.

의 입술을 떼어 먹기도 하고 소무가 거절하면 화를 내고 투전판에 끼어들기도 하는 등 성격 창조에 적극적인 면을 보인다. 그러나 취발이의 재담과 완력에 당하지 못하고 결국 노장은 그에게 쫓겨 소무 하나를 거두어 나가고, 취발이와 소무 사이에 아이가 나면 해산모가 받는다.

송파산대놀이의 노장춤 마당은 양주의 것과 거의 같다. 남사당의 놀이 종목 가운데 탈춤인 덧뵈기에는 먹중 마당이 있어 피조리를 가운데 두고 먹중과 취발이가 다투는데 신장수놀이만 없을 뿐 내용은 위의 것들과 비슷하다.

노장춤 마당의 내용은 탈춤의 기원이 그러하듯이 풍농굿의 갈등 구조에서 비롯되었다고 하겠다. 소무를 가운데 두고 노장과 취발이가 다투는 갈등 구조로 '여름과 겨울의 싸움'이라는 세계 공통적인 민속 현상이면서 특히 우리에겐 풍물패 중심의 서낭굿의 '싸움' 주지 (主旨)에서 그 원초형을 찾게 된다.

이와는 다른 계통으로 노장춤의 선행(先行) 예능으로서는 무엇보다 백제 사람 미마지(味摩之)가 중국 오(吳)나라에서 배워 일본에 전하였다는 불교 선전 묵극 기악(伎樂)을 들 수 있다. 거기에는 곤륜 (崑崙), 역사(力士), 오녀(五女)가 나오는데 이는 그대로 노장과 취발이와 소무에 비견된다. 오녀 가운데 두 여자를 유혹한 승려 곤륜을 역사가 꾸짖으면 곤륜이 항복하는 시늉을 짓는다. 여기에 나오는 곤륜이라는 극중 배역이 노장의 한 원형으로서 절간의 탈놀음에 등장되다가 조선조에 들어와 현실적인 인물로 발전을 보게 되었다고 볼 수도 있겠다. 그러나 현행 노장춤은 불교 교훈극의 것이 아니어서 취발이가 노장의 파계를 꾸짖기 위해 등장하지 않고 그를 상대로 소무를 가운데 두고 현실 향유적인 몸싸움을 벌이는 것이다.

기악과는 또 달리 문헌 기록을 보면 「문종실록」에 '승광대(僧廣

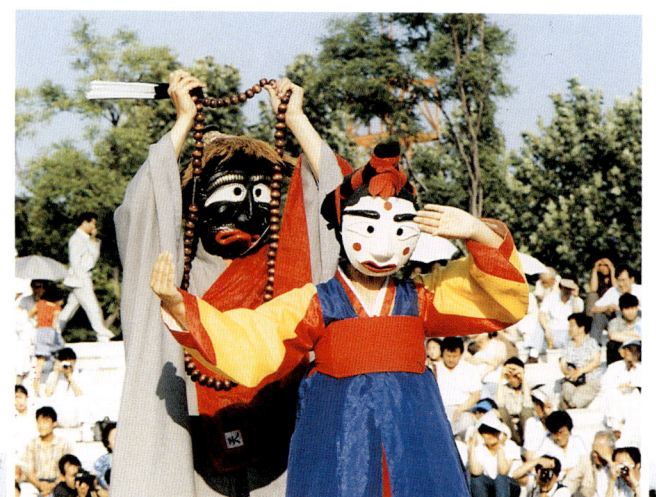

송파산대놀이의 노장춤
1. 노장이 소무에게 염주를
   걸어 준다.(왼쪽)
2. 소무의 능란한 거부로 노장
   이 삐쳐서 딴전을 피운다.
   (아래)

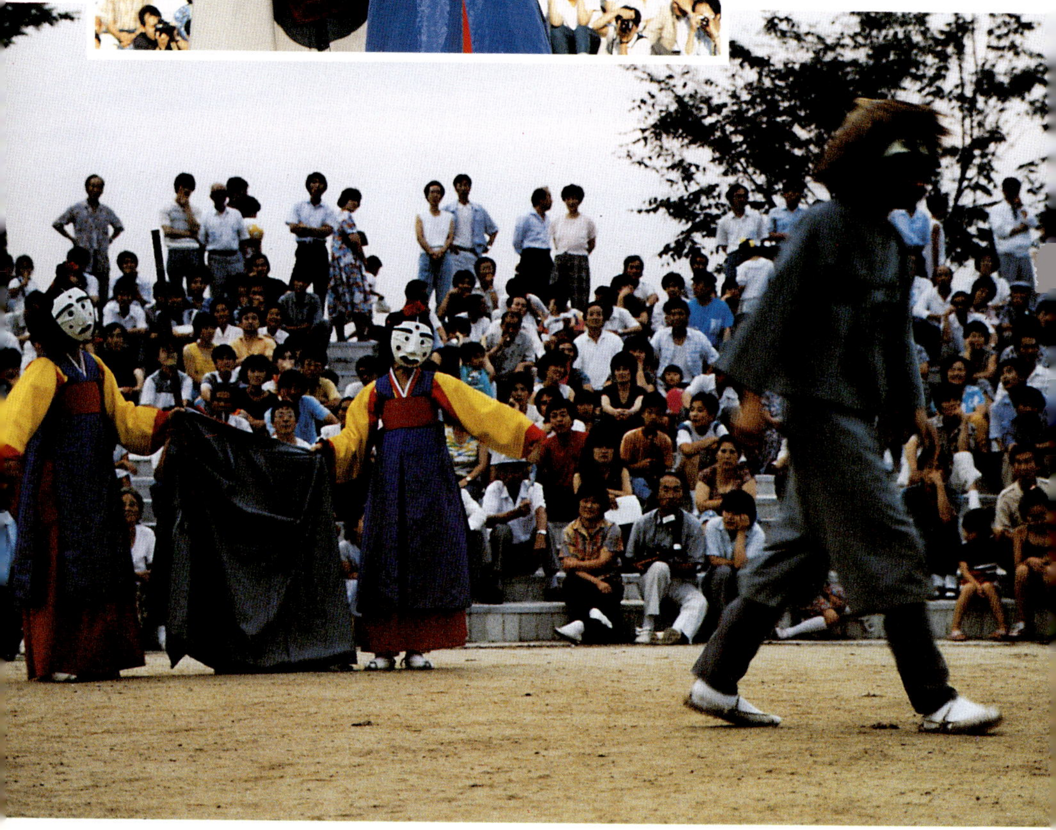

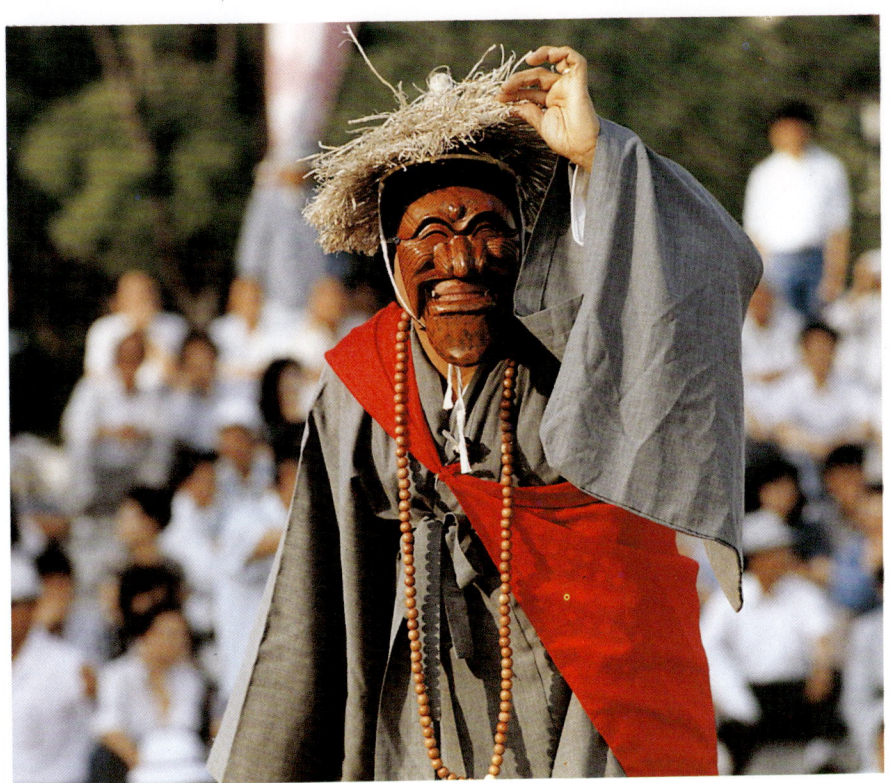
하회별신굿 탈놀이의 중(파계승)

大)'가 보이고 유득공의 「경도잡지(京都雜誌)」에는 '사호만석승무
(獅虎曼碩僧舞)'와 '당녀소매무(唐女小梅舞)'가 보이는데 이때 만석
중은 노장이고 당녀와 소매는 산대놀이의 당녀와 소무탈과 연관되
어 만석중놀이와 노장춤이 서로 영향 관계에 놓여 있음을 추정해
보게 된다. 또 정현석의 「교방제보(教坊諸譜)」에 나오는 14종의
춤 가운데 있는 승무는 상좌와 노장, 소무와 풍류랑이 서로 갈등을
일으키며 다투는 일장 잡희(一場雜戲)인데 이것도 노장춤과 관련이
있을 법하다.

이러한 선행 예능들은 풍농굿의 제의적 갈등 구조 속에 접수되면서 오늘날 노장춤에서 보듯이 현실주의적인 희극적 갈등 구조의 것으로 전화되었다고 보아 좋을 것이다.

춤사위의 특징

첫째, 노장의 심리적 갈등이나 감정의 변화, 상황에 대한 대처 등을 사실적으로 묘파하는 현실주의적인 몸짓춤이 주조를 이룬다.

이러한 몸짓춤은 세부적인 것을 그대로 묘사하는 것이 아니라 세부적인 것 속의 핵심을 얻어서 이를 반복적으로 율동화시킴으로써 하나의 양식으로 틀을 잡은 '연극적 약속'의 춤동작들이다.

이를테면 산대놀이에서 복무(伏舞) 대목을 보면, 엎드렸다가 서서히 일어나 앉아 이도 닦고 세수도 하고 장삼 자락으로 얼굴을 문지르는데 이때의 동작은 몸짓말이면서도 장단을 탄 춤으로서 하나의 유형적 인용구를 이루고 있다. 몸짓춤 언어로서 의미 전달의 내용을 담아 이를 유형적 율동으로 진전시킨 것이다. 이는 일상적인 것을 토대로 하되 일상성을 총체적으로 비약시키는 변증법적 과정을 거친 단계의 것이다.

둘째, 몸짓춤과 춤조 몸짓은 관계와 관계 속에서 이야기를 엮어가고 이것이 극적 내용을 구성한다. 이를 통해 정황과 사건 내용을 원활하게 전달, 소통시키는 이야기춤으로서의 '상황'이 창조된다. 예를 들어 노장이 소무를 바라볼 때 하는 동작을 보면 소무를 바라본다는 의미 그 자체에 머무르지 않는다. 멀리서 또는 가까이서 부채를 편 채 부채 너머로 또는 어깨 너머로 또는 뒷걸음치며 흘깃 쳐다보는 등 여러 가지 동작군(群)을 설정하여 그때그때마다 각기 다른 정황을 설정한다. 이는 노장의 숭고함과 비속함이 어떻게 교차되고 있는지 그 상황을 창출하는 데 유효 적절한 표현 방식이 되고 있다. 같은 동작이라도 그 동작이 어떠한 다른 동작들 사이 어디에

배치되는가에 따라 극적 상황의 의미가 달리 안출되는 것이다.

셋째, 몸짓춤과 춤조 몸짓 사이에는 늘 어르고 다지는 대목이 끼여들어 의미 형성 과정상에 맺고 풂의 어름새가 생겨난다. 여기에서 한 다발의 동작군을 묶어 주는 '마루채'가 구성되어 단락과 단락 사이가 구획된다. 산대놀이의 노장 거드름춤 가운데 활개펴기나 활개꺾기는 노장의 심리적 갈등과는 상관없이 몸짓춤과 춤조 몸짓 사이의 교량적 역할을 한다. 또한 노장이 소무의 목에 염주를 걸 때에도 그냥 단번에 거는 것이 아니라 몇 번을 어르고서 걸어 준다. 그리고 정황과 정황 사이를 얼러 주는 대목에는 늘 근경(近景)이 있어 맺고 풂의 어름새 역할을 해주고 나아가 그것으로써 주변 상황에 대한 자기 관찰의 뜻을 덧붙여 준다.

넷째, 장단 및 음악의 진행 구조와 극적 전개 상황의 진행 구조와 춤사위의 진행 구조는 서로 맞물려 있어 적절한 굴곡과 기복을 그려낸다. 예를 들어 황해도 탈춤에서 보면 노장이 내면적 갈등을 빚는 대목은 느린 염불 장단에 맞추어 복무와 탑돌이, 뒷걸음질, 허리꺾는 동작, 육환장 떼는 동작으로 하고 육체적 현실감을 되찾아 소무에게 접근하는 대목은 굿거리 장단에 맞춘 경쾌한 중량감의 춤으로 하고, 육욕적 자기 개방화 과정은 타령 장단에 맞춰 단호하고 흥겨운 맞춤으로 한다. 이와 같이 갈등을 전개, 고조시키는 데 장단의 짜임새와 극적 내용과 춤의 품새가 잘 어울리고 있는 것이다.

산대놀이의 경우도 느린 염불 장단의 거드름식 춤과 타령 장단의 깨끼춤이 적절한 순서로 배치되어 있다. 이러한 점은 장단을 자유롭게 선택할 수 있는 것에 뒷받침되고 있는데 불림 동작이 바로 그런 몫을 담당해 준다. 우리 춤이 대개 그러하듯 복무에서 시작하여 걷는 입무(立舞)로 나아가 드디어는 도무(蹈舞)로 진전하는데 이는 장단 구성과 잘 맞춰져 있다. 이에 따라 신명도 고조된다.

다섯째, 노장춤은 노장의 내면적 갈등을 개인화, 폐쇄화, 자기 중심화하지 않고 관중 모두에게 비판적 거리를 두고 관념적 형식 도덕성의 허구를 객관적으로 비판케 하여 사회적 진실성을 공유케 하는 데 이바지하고 있다. 이러한 전과정은 세계와 내가 만나는 일차적 통로인 육체적 인식의 직접성에서 비롯된다.

결국 소무에 대한 노장의 파계는 거룩한 것의 세속화, 현실화여서 관중은 노장의 육체적 현실 회복에 대해 한편으로는 성속 갈등의 배반감과 함께 또 한편 성속 일여의 속시원한 인간적 동류감을 아울러 느낀다. 이러한 이중성 또는 모순은 취발이의 노장에 대한 공격을 통해 총괄적인 육체적 해방감 속에서 해결나고 관중은 이에서 신명을 공급받는다. 한편 소무의 편에서 보면 노장이나 취발이는 뜨내기 인물로서 역사 진전의 구비성을 일깨워 주는 무상(無常)한 존재일 뿐이다.

탈춤의 현재적 의미

세시 풍속적 의미 지평

탈춤은 세시 풍속의 일환으로 거행되었다. 이것이 오늘날 탈춤을 해석하는 첫번째 의미 배경의 축이다.

오늘에 이르기까지 전승되어 온 탈춤은 그 의미가 많이 바랬지만 지역 단위의 명절놀이로 이어져 왔다. 일 년 가운데 날잡은 날, 사회적으로 약속된 날인 명절의 세시 풍속은 생활상의 반성과 전망 곧 되돌아봄과 내다봄을 조망하여 맺고 풀어 어르는 계기가 된다. 그러한 통로를 통해 밋밋한 삶은 출렁이게 되고 살맛이 나면서 자연적, 개인적, 사회적 맺힘을 풀고 유희적 안정성을 회복한다. 마을 단위로 집단적 신명 세계의 돌입도 이래서 가능하다.

민속 사회에서 집단적 신명에 의한 혼돈 및 반란 주지(主旨)는 민속 사회에서만이 가능한 것이 아니다. 그것은 오늘날의 세시 풍속 또는 명절의 의미와 맞닿아 있다. 입학식, 졸업식, 결혼식, 장례식, 집들이, 생일 잔치 등이나 삼일절, 광복절, 4·19, 학생의 날 등도 그런 의미의 날이다. 그런 날은 기념될 만한 의례거리를 해야 하고 먹을거리, 볼거리, 놀거리를 놓고 회고적 전망이 곁들여지면서 끝내 큰굿판이 벌어지고야 만다. 숙종, 영조, 정조 시대로 소급되는 현전 탈춤이 그런 의미 지평이라면 그 이전의 탈춤에서 명절의 마을 축전으로서의 기능은 더욱 뜻깊었을 것이다.

놀이의 시공간적 의미는 생활 공간성과 현시성이고 이의 사회 경제적 토대는 두레임은 앞에서 지적하였다. 공동 노동 집단, 공동 연희 집단, 공동 제사 집단, 공동 전투 집단의 사회적 장치인 두레는 일과 놀이와 비념과 싸움의 공동체성을 표상해 준다. 공유 결합으로

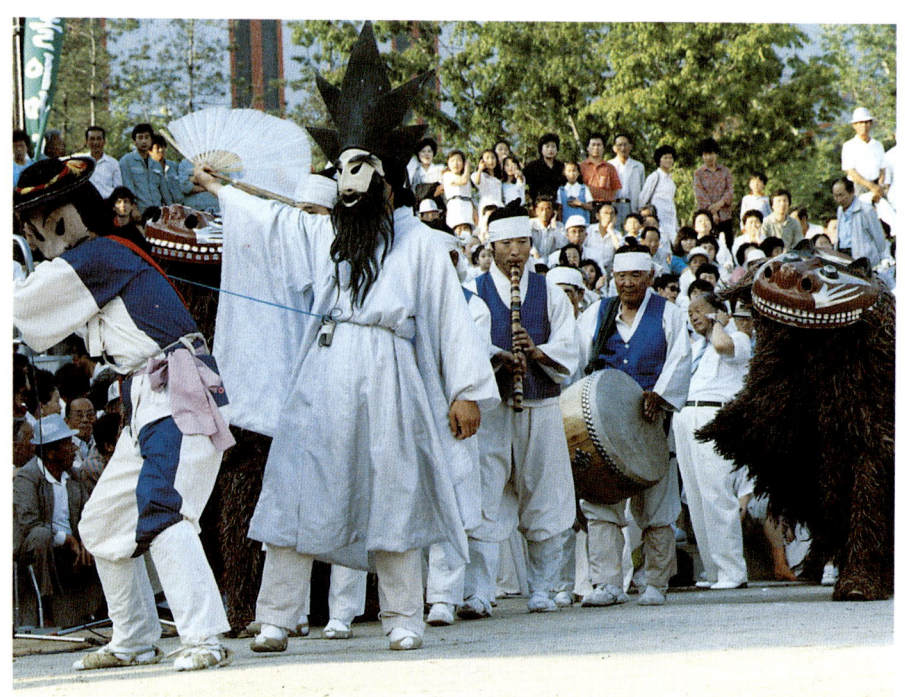

북청사자놀음의 마당놀이 하인 꼭쇠가 양반을 이끌고 나오면서 놀이가 시작된다. 북청사자놀음은 앞놀이격으로 관원놀이가 있었는데 일종의 모의재판놀이였다. 이러한 민중재판놀이는 탈춤의 성격을 규정해 주면서 내용이나 틀거리의 뼈대가 되었다. 탈춤은 공동 적에 대한 집단 살풀이임이 분명하다.

서 두레의 일놀이는 공동 의례 양식이자 공동 모의 쟁투이다. 탈춤의 세시 풍속적 의미는 이로써 분명해진다. 탈춤은 곧 일놀이이자 굿놀이이고 편싸움이다.

농경 사회에서 일놀이는 파종과 수확 등 농사짓는 일과 크게 결부되어 생활 주기적인 율동성을 획득케 하는 생활의 주요 기제가 아닐 수 없다. 그것은 생활의 매듭과 품 사이의 어름이고, 이는 풍농을 기원하는 모의 쟁투로서 농경 축전이다. 이러한 모의 쟁투는 사회 경제의 발전에 따라 사회 제도나 체제에 대한 모의 쟁투로 진전되어 간다. 탈춤에서 흔히 보이는 몸싸움, 말싸움으로써 사회 갈등의 면모는 이에서 비롯된다.

이러한 사회적 모의 쟁투는 탈춤의 앞놀이 격인 모의재판놀이의 실제 상황 속에서 극명화된다. 실례로 판놀이로서 탈춤에 앞선 행사인 북청 토성의 관원(官員)놀음, 안동 수동의 진법별신(陣法別神)놀이, 통영의 사또놀음 그리고 마을굿의 선행(先行) 예능으로 부여 은산별신제의 행군(行軍), 영양군의 원놀음, 도리강 관원놀이, 중도둑잡이놀이 등이 그것이다. 이들은 단순한 모의적 극놀이를 넘어서 적대 세력에 대한 민중의 실제 징치이기도 하였다. 탈춤은 민중 재판의 이러한 실제 상황을 한 배경으로 놀았으므로 닫힌 봉건 사회 구조에서 지배층이 탈춤 공연을 허용한 이유는 단순한 명절놀이라는 차원에서만 다룰 수 없다. 한해 한때나마 날잡아 민중의 말문을 열 수 있도록 한 민속 사회의 너그러운 언론 정책이었는가. 하찮은 것들의 우스꽝스런 놀이에 지나지 않는 것으로 대수롭지 않게 보아 넘긴 것인가. 탈춤 공연을 통해 억압 정서를 내뿜도록 유도함으로써 반사적으로 정치적 힘의 결집으로 나아가지 못하게 사전에 차단, 와해하는 고도의 통치 기술인가, 아니면 성장된 민중 의식을 반영하고 있는 탈춤 공연을 더 이상 막을 수 없을 정도로 봉건 사회가 해체되는 민중사적 전변기를 맞이한 때문인가.

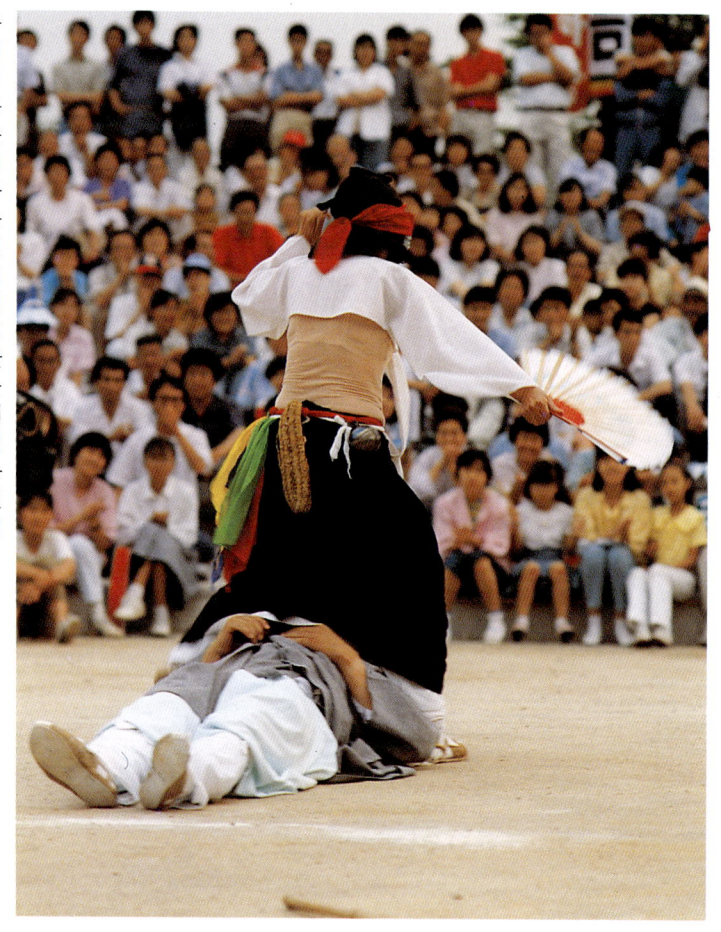

봉산탈춤의 미얄춤 마당 난리통에 헤어진 미얄할미와 영감은 상봉하자마자 몸을 섞는다. 영감을 눕혀 놓고 미얄할미가 그 위를 지나가는 것으로 표현된다. 민중적 표현의 묘이다. 탈춤이 단순한 신명풀이가 아니라 '신명난 살풀이'로서 눈물어린 웃음과 함께 능청스런 공격적 친화력을 보이는 것은 민중의 푸진 삶의 미학에서 비롯된 것이다.

탈춤의 세시 풍속적 의미는 오늘날 어떤 형태로든 살아 있고, 적어도 살아 있을 당위성이 있다. 그것은 곧 적대 세력의 척결을 통한 공동체의 회복이라는 집단적 살풀이가 살아 있고, 살아 있을 당위성인 것이다.

봉건 사회 해체기의 민중 연희

탈춤은 탈을 쓰고 춤추며 말도 하고 노래도 하는 놀이적 연극 또는 연극적 놀이다. 다 아는 문제를 놓고 놀이꾼과 구경꾼이 함께 판을 짜는 촌극 모음식의 연희이다. 이것이 두번째 의미 배경의 축이다.

전래되어 온 탈춤은 연극 이전의 굿놀이 단계에 지나지 않은 원초 연극이라고 볼 수 있다. 또 탈춤은 사회 현실 인식상 비과학적 논리에 머문 채 주술적이거나 몽상적으로 사태를 해소하는 운문적 중세 연극이라고 볼 수도 있다. 그런가 하면 봉건적 사회 질서가 막바지에 이르렀음을 예고하는 근대적 민중 의식의 산문적 현실주의극이라고 볼 수도 있다.

원초 연극, 중세극, 근대극 등으로 각각 달리 탈춤을 평가하는 것은 그 모두가 타당성을 지니는 동시에 한계성도 지닌다. 우리는 일단 탈춤을 중세에서 근대로 이행하는 과도기에 놓여 있는 동양극의 범주 속에 있는 것이라고 정리할 수 있을 터이다. 신의 공의(公儀)라는 동양 전통극의 굴레에서 벗어나 현실 인식의 리얼리즘으로 탈바꿈하는 데 탈춤이 얼마만큼의 적극성을 보이고 있는가를 추적하는 것은 전승 탈춤의 민중적 미의식을 다루는 기회로 미루기로 하고 여기서는 다만 탈춤 그 자체가 보이고 있는 봉건 사회 해체기 이후의 민중 연희로서 연극적 특성만을 몇 갈래로 요약해 보고자 한다.

탈춤은 탈과 춤이 주요 동원 매체로 되어 있는 가면무극임에 분명하다. 탈은 분장과는 다른 독특한 표현성과 함께 사회적 계층을 유형적 인물로 그려 내는 전형성이 있다. 춤은 사실 전달을 위주로 하는 몸짓(mime)을 율동화, 이상화함으로써 유형적 율동성을 얻어 낸다. 탈춤의 재담은 그것이 비록 일상 회화조라고 하더라도 운율조

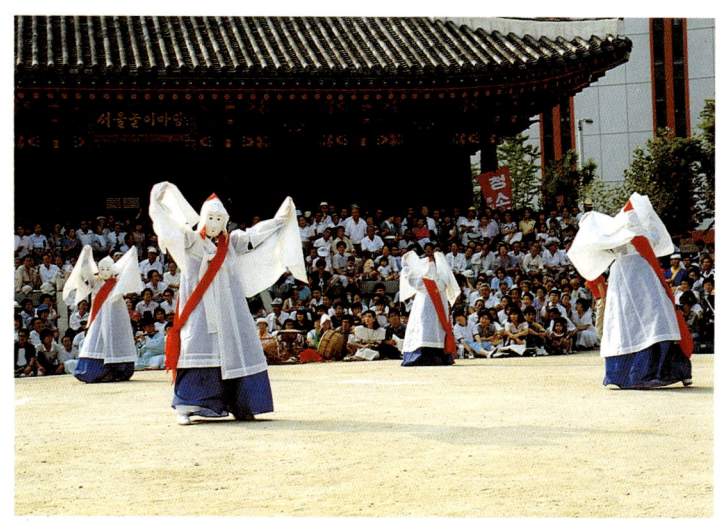

봉산탈춤의 4상좌춤 탈춤은 탈과 춤이 주요 동원 매체로 되어 있는 가면무극임에 분명하다. 탈은 분장과는 다른 독특한 표현성과 함께 사회적 계층을 유형적 인물로 그려 내는 전형성이 있다. 춤은 사실 전달을 위주로 하는 몸짓을 율동화, 이상화함으로써 유형적 율동성을 얻어 낸다.

가 내장된 연극적 약속으로서 유형성을 엿보인다. 또 재담의 많은 부분이 노래화되었을 것이다. 탈, 춤, 재담의 유형성은 탈춤의 독특한 연출법이다. 이러한 유형성을 토대로 동원 매체들 사이에 유기적 관계가 맺어진다. 탈춤은 시가악무극일체(詩歌樂舞劇一體)의 총체 연행물이다. 이런 사정 아래에서는 탈춤이 내면적 연기를 토대로 한 원천적 리얼리즘극이기엔 한계가 있다. 그러나 한계라기보다는 차라리 독특한 가무극(歌舞劇)의 성격을 띠는 것으로 보는 것이 온당할 것이다.

탈춤은 몇 가지 제재(題材)나 내용이 제각기 다른 마당을 이루면서 한 탈춤 속에 얽혀져 함께 나아가는 옴니버스 스타일(omnibus style)이다. 이를테면 만화경적 퍼레이드라고 해도 좋을 것이다. 이러한 분절(分節)은 마당과 마당 사이뿐만 아니라 한 마당 속에서도 보인다. 사건의 발단, 전개, 절정, 대단원의 피라미드 구조처럼 수미 일관된 '틀거리'가 처음부터 설정되어 있지도 않고 또 설정되어 있더라도 끝까지 관철되지 못하고 있다. 이러한 진행 구조는 일관되고 치밀한 논리 전개를 요구하는 정통 리얼리즘극으로 볼 때는 한계로 지적될 법하다. 그러나 그것은 병렬적, 중층적 봉합적 구조의 독특성이라고 보는 쪽이 온당할 것이다. 봉합적 구조는 한 마당을 구성하는 최소 기본 단위인 '마루채'와 마루채의 엮음 방식에 기초하고 있다. 마루채와 마루채는 연산의 양태로 굴러간다. 마루채의 자유로운 선택적 엮음에 따라 연행의 시공간은 축소되거나 확대된다. 탈춤은 마루채를 기초 개념으로 '열려진 시공간' 속에서 그때 그 자리에 맞춰 공연 상황을 재구성하는 현장적 '거리굿'이다.

탈춤은 놀이꾼과 구경꾼이 무차별하게 함께 판을 짠다. 연행자와 관중이 동시 초대되는 이러한 극작술은 극적 환상을 토대로 하는 서구의 재래극과는 이미 다른 극작술이다. 이는 서사극 이론이 아니더라도 오늘날의 거리극이라든가 상황극에서 흔히 보는 민주적 동참 형식으로 주목받을 만하다. 또 탈춤은 이미 결말이 상정되어 있는 저장된 내용을 연희적 '과정'으로 풀어 낸 것일 뿐 섬세하고 정밀한 사태 분석이나 현황 탐사에는 이르지 않는다.

탈춤은 문제를 굵은 선에서 뭉뚱그려 지나치게 단순화하므로 작고 조그마한 일상은 개입될 여지가 없다. 현실 묘사의 정치성이나 치열함이 결여되어 있다. 단순 사회의 단순 대응에 지나지 않는 것이어서 도식성이나 상투성에 함몰되기 십상이다. 그러나 이러한 표현법은 상황적 적대 세력이 완강하고 너무도 뚜렷할 적에는 막강한 현장적 운동성을 촉발시키는 유효한 방식이 되기도 한다. 또한 문제 상황이 지속적이고 반복적일 때에는 문제의 핵심만 굴러가기 마련이고, 굴러가면서 현장적 즉흥성과 가변적 창의성을 낳는다.

탈춤은 희극 이전의 소극(笑劇, farce)적 재담놀이 아니면 비극 이전의 멜로드라마적 유희일 뿐이다. 풍자와 해학 이전의 비이성적 비속성과 함께 비극적인 것의 희화화에 치우쳐 있다. 그러나 탈춤에서 보이는 대륙적 웃음과 비판적 초월 속에서 끈덕지게 묻어 나오는 삶의 참담함과 정한의 시김새를 우리는 감지할 수 있다. 희극일 수도 비극일 수도 없는 희비극의 세계는 그것이 관념의 세계가 아닌 한 현실 세계의 인식상 양면을 아우른 변증법적 상생으로서의 통합이라고 보아 좋을 것이다. 탈춤에서 골계와 비장이 어떻게 서로를 감싸들고 정공법과 우회법이 나아가고 물러섬에 얼마나 능청스럽도록 기민한지, 그 민중적 미의식과 표현의 세계상을 눈비벼 살펴볼 일이다. 탈춤은 단순한 신명풀이로서 현실에 주저앉은 채 현실을 향유하지 않고 신명난 살풀이로서 현실에 대들면서 향유한다. 눈물 어린 웃음과 함께 능청스런 공격적 친화력을 엿보이는 민중극의 미학은 모순 구조의 현실 세계를 연기론(緣起論)적으로 보는 민중의 푸진 삶의 태도에서 비롯된다.

탈춤은 자기의 현실은 물론 타자의 현실까지도 자신의 관점에서만 다룬다. 보편적 세계 인식의 타당성은 주관적인 인식 체계를 벗어나는 데서 출발한다. 그러나 탈춤의 주관적 세계 인식 속에는 철저히 자기를 폭로하는 자기 객관화의 과정이 전제되어 있다. 공동적에 대한 공격 속에서도 친화성을 잃지 않고 있음은 바로 이와 같은 문제 상황의 민중적 자기 접수 속에서나 가능한 일일 것이다. 이는 전지적(全知的) 시선의 공유를 통해 원근법적 조감을 거친 단계의 것이다. 3인칭 소설의 화자(話者)처럼 하늘에서 굽어보고 땅에서 넘겨보는 전지적 시선 속에서 중심 내용은 강화되고 관계 주변은 상황화된다. 자기가 맡은 배역까지도 스스로 객관화하는 '나의 3인칭화'도 이에서 가능하다. '부분의 독자성'이라는 민중 연희의 특성도 이에서 비롯된다. 또한 전지적 시선은 연희자가 극적 인물로 전환되는 과정이 이미 극 속에 포함되도록 유도한다. 마당판이라는 원형적 연행 공간이 더욱 이를 부추긴다. 연행의 시공간이 자유롭게 축소되고 자유롭게 확대된다. 동시 진행도 그러하고 축약과 확산이 자유 자재일수록 삐긋삐긋 틈서리가 생겨나게 마련이나, 바로 이런 '틈'이야말로 숱한 변화를 포용하여 자유의 지평을 열어 주는 창조적 여백이다. 창조적 여백은 저장된 상황의 자유 운동으로서 통일의 다양화라는 탈춤 전승 원리의 산물이다.

이러한 전지적 시선의 흩뿌림새는 '몸과 의식의 합일'로서의 육체성과 긴밀히 연관되어 있다. 육체적 사고로 세상을 파악하는 이들의 인식 통로 및 표현 매체는 모든 장르 가운데 가장 육체적인 법칙이 요청되는 연희가 될 수밖에 없다. 그런 만큼 육체 연희로서 탈춤은 육체성을 기조로 한 민중적 세계 인식의 일차적 직접성이라고 할 수 있을 것이다. 육체성은 민중의 생명과 세계관을 담지해 주는 일의적 관문이자 탈춤의 비판적 초월을 현실 속에 실제 상황화하는 실체적 매개자(vector)이기도 하다. 육체 노동을 토대로 한 탈춤은 '일하는 사람이 주인'이 되는 새로운 세상의 노동극을 예시해 주고 있다.

역사맞이굿의 가능성

탈춤은 전근대적 세시 풍속으로서 또 전근대적 연희 형태로서 한계가 있음을 앞에서 지적하였다. 그러나 여기서 한계란 전근대적이라는 수식어에 있는 것이지 세시 풍속으로서 또 연희 형태로서에 있는 것이 아니다. 그러므로 새롭게 개발되는 탈춤은 현대적 세시 풍속으로서 현대적 연희 형태인 것이고, 이때 현대적이란 민족적 과제인 '자주, 민주, 평등의 통일 국가를 실현하는 오늘 이 땅의'란

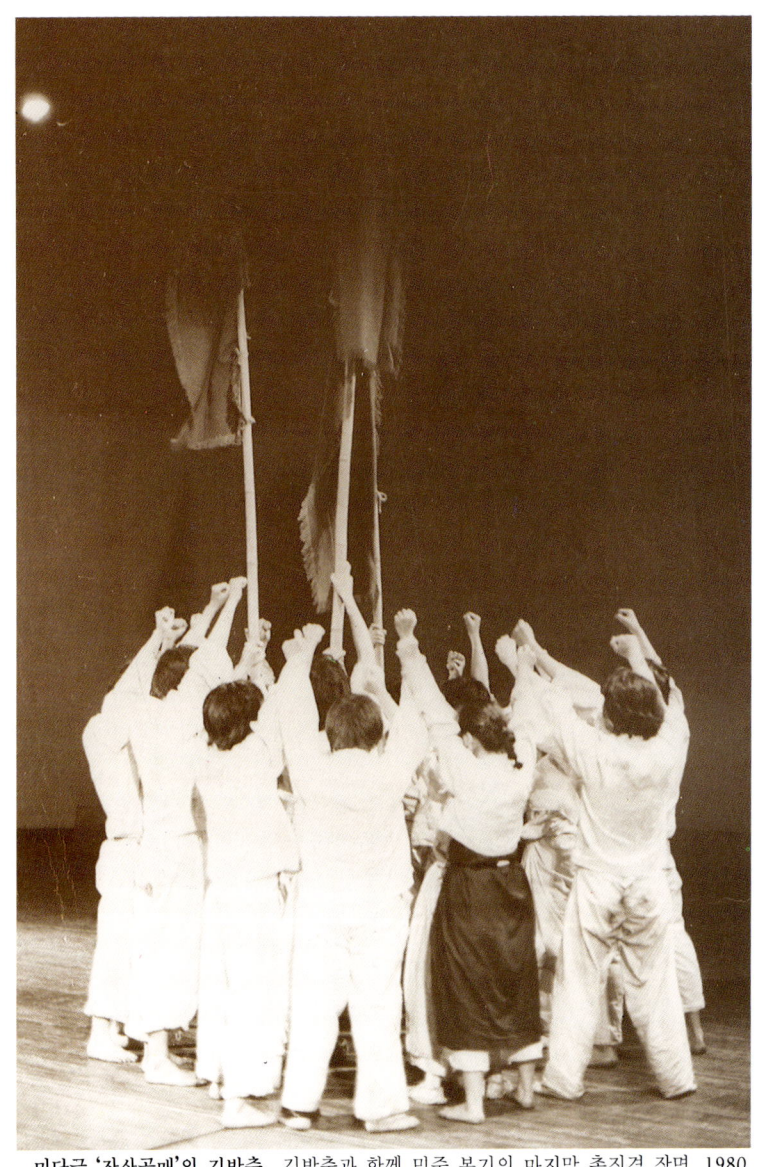

마당극 '장산곶매'의 깃발춤 깃발춤과 함께 민중 봉기의 마지막 총진격 장면. 1980년 3월, 서울 구 드라마센터, 극단 '연우무대' 공연.

뜻이 될 것이다. 그리고 오늘의 현대는 생산과 분배, 노동과 예술이 일치되고 공동체적 사회 관계가 원숙해지는 '사회 해방'과 개인 속의 무궁한 개성 창조적 우주성이 현실적으로 완전 개화, 확장되는 내적 해방으로서의 '인간 해방'이 전혀 새롭게 통합되는 새로운 생명관을 요청하고 있다. 그것은 곧 여성적인 것이 권리 회복되는 대화해의 상생 세계이다. 거기에서 개인 해방, 노동 해방, 사회 해방, 우주 해방이 실제 상황화된다. 이것이 바로 오늘의 세시 풍속으로서 삶의 축전인 것이다.

새롭게 전망되는 오늘 이 땅의 세시 풍속으로서 연희 형태는 여러 가지 다양한 방식으로 전개되어 오고 있다. 그것은 마당극, 마당굿, 민족극이라는 이름으로 불리고 있다. 이들은 한마디로 당대 사회에 내재해 있는 기본 모순과 주요 갈등을 공동체적 관심의 표적으로 부각시키고 거기에서 성취된 사회 인식을 '민중 진실'로 전화시키는 삶의 축전이라고 할 수 있다. 이는 민족의 실체인 민중의 꿈의 실현 곧 '민중적 전망'과 연관된다. 우리는 이러한 논의의 진전을 위해 「삼국유사」 '가락국기(駕洛國記)'에서 보듯 한국 연극의 연원을 시사해 주고 있는 직접적 집단 신명과 신화 체계의 행위 전승으로서 신맞이굿을 떠올려 보아도 좋을 것이다. 가락국의 사람들은 수로왕의 탄생, 탈해와 싸움, 허후와 혼인 등의 신화를 3월 첫 뱀날 또는 삼짇날 날잡아 일 년에 한 차례씩 물맞이굿으로 재현했다고 한다.

오늘날 한민족의 민중적 기념일을 맞아 모인 사람 모두가 사건의 재현에 동참하는 역사맞이굿은 신이 아닌 역사를 집단 주체로서 의식적으로 맞이하는 과학 시대의 새로운 대동마당굿이다. 그것은 역사의 일상화와 육체화로서 맞이하고야 말 그날을 위한 천지해방 굿이다.

참고 문헌

강용권 「야류, 오광대」 형설출판사, 1977.

김세중 「한국민속극 춤사위 연구」 동서민속예술원, 1972.

김수남 「한국의 탈춤」 행림출판사, 1988.

_____ 「한국의 탈」 행림출판사, 1988.

김영석 「탈-강령탈춤」 은하출판사, 1986.

김우택 「한국전통연극과 그 고유무대」 개문사, 1978.

김재철 「조선연극사」(증보판) 청진서관, 1933.

박진태 「한국가면극연구」 새문사, 1985.

_____ 「탈놀이의 기원과 구조」 새문사, 1990.

서연호 「산대탈놀이」 열화당, 1987.

_____ 「황해도탈놀이」 열화당, 1988.

_____ 「야류 오광대탈놀이」 열화당, 1989.

_____ 「서낭굿탈놀이」 열화당, 1991.

송석하 「한국민속고」 일신사, 1960.

심우성 「남사당패 연구」 동화출판공사, 1974.

_____ 「한국의 민속극」 창작과 비평사, 1975.

양재연 「국문학연구산고」 일신사, 1976.

이두현 「한국가면극」 문화재관리국, 1969.

_____ 「한국의 가면극」 일지사, 1979.

_____ 「한국의 탈춤」 일지사, 1981.

_____ 「한국연극사」 학연사, 1985.

이병옥 「송파산대놀이 연구」 집문당, 1982.

장한기 「한국민속극」 정음사, 1976.

정상박 「오광대와 들놀음 연구」 집문당, 1986.

장정룡 「강릉관노가면극 연구」 집문당, 1989.

조동일 「한국가면극의 미학」 한국일보사, 1975.

_____ 「탈춤의 역사와 원리」 홍성사, 1979.

채희완 편 「탈춤의 사상」 현암사, 1984.

최상수 「하회가면극의 연극」 고려서적주식회사, 1959.

_____ 「해서가면극의 연구」 대성문화사, 1967.

_____ 「산대·성황신제가면극의 연구」 성문각, 1984.

_____ 「한국가면의 연구」 성문각, 1984.

빛깔있는 책들 101-23

탈춤

글	―채희완
사진	―김문호

발행인	―장세우
발행처	―주식회사 대원사

주간	―박찬중
편집	―김한주, 신현희, 조은정, 황인원
미술	―윤용주, 윤봉희
전산사식	―육세림, 이규헌

첫판 1쇄	―1992년 3월 31일 발행
첫판 8쇄	―2004년 12월 30일 발행

주식회사 대원사
우편번호/140-901
서울 용산구 후암동 358-17
전화번호/(02) 757-6717~9
팩시밀리/(02) 775-8043
등록번호/제 3-191호
http://www.daewonsa.co.kr

값 13,000원

Daewonsa Publishing Co., Ltd.
Printed in Korea(1992)

ISBN 89-369-0120-6 00380

빛깔있는 책들

건강 식품(분류번호 : 202)

즐거운 생활(분류번호 : 203)

건강 생활(분류번호 : 204)

한국의 자연(분류번호 : 301)

미술 일반(분류번호 : 401)

역사(분류번호 : 501)